COLLECTION POÉSIE

JACQUES RÉDA

Amen
Récitatif
La tourne

nrf

GALLIMARD

© *Éditions Gallimard,*
1968, pour Amen,
1970, pour Récitatif,
1975, pour La tourne.

Amen

LANGUE ÉTRANGÈRE

MORT D'UN POÈTE

À Henri Sylvestre.

On lit, dans une étude sur la poésie,
Que les poètes obsédés par la mort aujourd'hui
S'inspirent de la tradition germanique.
Cette remarque est une fleur séduisante de la culture,
Mais les sentiers de sa peur n'étaient pas fleuris,
Ils serpentaient autour d'une obscure caverne
Avec sa litière de fumier d'homme et d'os,
Et jamais nul soutien, nul appel ne lui vint
D'aucune tradition germanique ou autre, non,
Il travaillait sous la menace d'une primitive massue.
Ainsi *meurs* fut le sens brutal de la langue étrangère
Qu'il traduisit tant bien que mal dans le goût de l'époque,
Rêvant parfois qu'un dieu lettré, par égard pour cette
    agonie,
Établirait son nom dans l'immortalité des livres.
Mais retenu du côté des sordides ancêtres,
Ignorant l'art du feu, dans la caverne il était seul
À savoir qu'il devait mourir de la même mort que les
    mots, les astres et les monstres.

LES VIVANTS

À Louis Guillaume.

Ceux d'entre nous qui ont le goût de l'éternel
Passent aussi,
Se rappelant une cuisine de province
Dans le temps de Noël,
L'odeur du lait qui chauffe et les cris des enfants
Assis sous la lueur des petites bougies.
Ils cherchent la cime du temps, les dangereuses pentes,
Mais reviennent la nuit dans la maison qu'on a vendue
Avec ses tiroirs pleins de lettres où s'effacent
Les traces du bonheur obscur.
Car ils passent aussi,
Connaissant bien le goût des larmes
Et la chaleur des corps qu'ils n'embrasseront plus,
Comme tous ceux qui partent sans rien dire,
Ayant vécu
Dans cette éphémère clarté qui bouge sur nos fronts
Entre deux masses d'ombre.

REBELLES

À la mémoire de Jacques Prevel.

Comme les fous ils ont mordu la terre à pleines dents,
Saisi l'herbe noire et coupante à poignées,
Jeté leur front contre le front des monuments
Qui méditent chez nous la mort et la justice.
Comme à des fous nous leur avons lié les mains et les chevilles,
Brûlé la langue et brisé les os sur les escaliers de justice,
Puis nous avons tassé la terre odorante et molle sur leurs fronts sanglants.
Ils sont paisibles maintenant ; les plus menacés d'entre nous,
La nuit, parmi la foule des vieux morts les voient passer,
Tenant une sébile vide ou une crécelle, et leur bouche édentée
S'ouvrant pour un sourire où bascule notre sommeil.

FRONTALIERS

Bâtis pour abattre des arbres,
Tuer le porc ou broyer l'aviron,
Qui les a déroutés dès la lisière et faits lourds bûcherons
Dans la forêt d'allégorie où sont les bêtes véritables ?
Horlogers en hiver, quand la vieille âme hercynienne
Par la combe toujours humide et noire brame
Vers la neige jonchée encor de célestes lambeaux,
Quel coffre ils ont,
Défricheurs mais hantés par la maison détruite
Et, dans ce décembre nocturne, à l'abandon :
Des petits au cul nu dont les mains ne seront plus jointes
Après la soupe, et comme il faisait bon ;
Coffre d'os et de grosses bronches qui raclent
Entre la salamandre et le hibou, la hache
Vibrant dans la faille de chair du rien qui parle.

NAISSANCE DE VIRGILE R.

Où sommes-nous, entre l'encre oublieuse et les étoiles
En travail démesurément autour de ce berceau
Que la pensée à son commencement perpétuel
Habite à petits cris ;
Qui sommes-nous pour accorder un sens à la poussière de
    nos mots
Plutôt qu'à ce trébuchement de la parole à la pointe du
    jour qui nous terrasse ?
Et cependant qu'avons-nous d'autre ici que ce barrage de
    voyelles transparentes,
De friables consonnes cédant sous le poids de la nuit
Qui presse aux tempes la clarté sans borne répandue
Dans l'espace du rêve et sur le toit de nos maisons ?

SEUIL DU DÉSORDRE

J'avais assez d'orgueil pour n'attendre que l'éclatement, le surcroît.
(Commencer est terrible, oui, terrible et défendu,
Hors cette irruption d'oiseaux inconnus qui foudroie.)
Cependant était-ce la foudre, ou bien
Sur cet espace dévasté par ma naissance
L'ordre enfin rétabli dont me saisissait la douceur ?
Mais quel ordre sinon celui du monde innocent avant moi,
Plein de mots non souillés encore par ma bouche, plein
De la présence où je ne fus que porte battant sur le noir ?
Et par là vinrent les longs bras ignobles du noir ;
Par là se sont glissés les yeux d'une nuit dégoûtante
Et qui n'était pas moi mais poussait toujours cette porte.
Là parurent aussi la rose et le bouvreuil que je ne connais pas,
Des animaux à la cruauté douce en moi se coulant vite,
Et le silence où tout s'accorde, neige
Antérieure à la trace funèbre de mes pas.

LA PORTE

Et pourtant c'est ainsi : l'on voit, par la porte battante,
Une lumière qui s'approche, hésite puis s'éteint.
Souvent l'attente se prolonge. Et seul, à qui sourire
En silence ? Personne. Et qui nous répondrait de loin
Si l'on criait ? Personne encore. Un jour on croit rêver,
Un autre jour mourir — et vraiment c'est un songe, et
    c'est
Aussi la mort. Passent parfois deux lévriers timides
Et plutôt soucieux qui font mine d'en savoir long
Sur le sens de la vie. Incidemment, la porte cesse
De battre et l'on se dresse en criant plus fort dans le noir ;
Ou bien la clarté s'établit, et l'on distingue enfin,
Pour un instant, ce qu'on ne peut pas dire ni comprendre.

TRISTESSE D'HOMÈRE

Cet homme ici devant la mer qu'il ne voit plus, un jour
Le direz-vous heureux comme celui du temps des dieux
Qui va s'effacer dans ma nuit ?
                          À l'aube dont je sens
Contre mes paupières vibrer la gloire, je descends
Vers ce miroitement obscur la ruelle autrefois
Rose, emportant le jour éteint dans les yeux de Patrocle
Et mon ombre en travers de la plaine étroite où le vent
Traîne le corps ensanglanté d'Hector dans la poussière.
À présent, songes, laissez-moi devenir tout entier
Cette ombre sur le vain éclat de nos débris d'amphores,
Et parmi ce fracas de boucliers sur les galets
Rendre ma voix à l'ïambe d'écume, aux cris d'oiseaux
Qui déchirent la belle hécatombe de mots que fut
Homère.
          À l'étrave d'un vaisseau noir abandonné
Mon front s'appuie, et du sable au ciel noir mes doigts
    dessinent
Un signe pour toucher encor ta joue adorable,
                                        soleil,
Mélancolie des morts.

LA VOIX DANS L'INTERVALLE

Peut-être devons-nous parler encore un peu plus bas,
De sorte que nos voix soient un abri pour le silence ;
Ne rien dire de plus que l'herbe en sa croissance
Et la ruche du sable sous le vent.
L'intervalle qui reste à nommer s'enténèbre, ainsi
Que le gué traversé par les rayons du soir, quand le courant
Monte jusqu'à la face en extase des arbres.
(Et déjà dans le bois l'obscur a tendu ses collets,
Les chemins égarés qui reviennent s'étranglent.)
Parler plus bas, sous la mélancolie et la colère,
Et même sans espoir d'être mieux entendus, si vraiment
Avec l'herbe et le vent nos voix peuvent donner asile
Au silence qui les consacre à son tour, imitant
Ce retrait du couchant comme un long baiser sur nos lèvres.

L'HABITANTE ET LE LIEU

RÉCIT

Souterrain de l'amour : une clarté divise
L'ombre comme une épée qui fend l'étoffe d'une robe.
Celui qui vint, brandissant une torche,
Portait la cruauté d'enfance en son visage
Massif et couronné de furieuses boucles.
(Au matin elle s'éveilla, sureau brisé ;
Le gris du jour noyait la rage de ses yeux ;
Elle étendit le bras sur un désert de cendres :
La forêt,
        la forêt dans la nuit avait brûlé,
La bourrasque arraché les hauts murs de sa chambre.)

PERSONNAGES DANS LA BANLIEUE

Vous n'en finissez pas d'ajouter encore des choses,
Des boîtes, des maisons, des mots.
Sans bruit l'encombrement s'accroît au centre de la vie,
Et vous êtes poussés vers la périphérie,
Vers les dépotoirs, les autoroutes, les orties ;
Vous n'existez plus qu'à l'état de débris ou de fumée.
Cependant vous marchez,
Donnant la main à vos enfants hallucinés
Sous le ciel vaste, et vous n'avancez pas ;
Vous piétinez sans fin devant le mur de l'étendue
Où les boîtes, les mots cassés, les maisons vous rejoignent,
Vous repoussent un peu plus loin dans cette lumière
Qui a de plus en plus de peine à vous rêver.
Avant de disparaître,
Vous vous retournez pour sourire à votre femme attardée,
Mais elle est prise aussi dans un remous de solitude,
Et ses traits flous sont ceux d'une vieille photographie.
Elle ne répond pas, lourde et navrante avec le poids du jour sur ses paupières,

Avec ce poids vivant qui bouge dans sa chair et qui
 l'encombre,
Et le dernier billet du mois plié dans son corsage.

PALAIS-ROYAL

On n'entend que les pattes des pigeons au bord des toits
Et le clapotement de l'eau contre la pierre du bassin ;
À paisible cadence un balai chuchote sous la voûte
Et le balayeur songe.
                      Assis au milieu du jardin,
Je t'écoute glisser du fond des temps,
Beau silence de velours gris déplié sur la scène où les pas
    et les noms s'effacent ;
Il nous reste un moment ce matin pour causer à voix
    basse.
La grande cour est vide encore et le ciel ne dit rien de plus
Qu'en mil sept cent cinquante, ni les pigeons,
Ni l'eau sombre qui fait semblant d'avoir bonne mémoire
Mais déjà vous a confondues, Catherine Campana,
    Maria-Lorenza Pasini qui mourûtes
Abbesse du couvent où l'on dansait en masques la
    furlane,
Et vous qui ne reviendrez plus en ce jardin
Où le temps croit dormir sur les doigts brisés des statues.
Car c'est toujours un autre corps enveloppé de gloire
Que de l'ombre des corps nous halons avec nos caresses,

Le rêve d'un corps lumineux arraché à la nuit
Où siffle la veilleuse indifférente du désir.
Et quel assaut pourra jamais nous livrer sa lumière,
Lui frayer un chemin dans l'épaisseur où nous errons
Sur les traces d'un dieu d'espoir, d'angoisse et d'ironie ?

L'HABITANTE ET LE LIEU

L'âme semble un couloir où des pas hésitants résonnent,
Mais personne jamais ne vient. Dehors, l'ombre qui
    tremble
Dans les encoignures de porte et sous les escaliers,
C'est l'âme encore, quand la nuit fige le long des murs
Les flots d'eau pâle et froide où l'on est heureux de
    descendre.
Et qui donc parlait de salut ou de perte pour l'âme,
Alors qu'elle est blottie en son frisson et cependant
Toujours plus dénudée au vent qui souffle en ce couloir ?
Qu'elle se cache ou rôde, écoute : elle s'égare, étant
L'habitante et le lieu d'une solitude sans nom.

POST-SCRIPTUM

Mais cette erreur avec le criminel est partagée
Et cette solitude avec le proscrit me confond.
L'âme tout au fond n'est que l'ombre où luisent les couteaux ;
D'horreur et de sang chaque nuit se masquent les idées
Qui dépassent l'entendement. Et quels dieux bafoués
Cachent l'oracle sous l'effroi du crime, eux qui n'ont plus
Chez nous leur demeure de paix et restent sans offrandes ?
Celui qui marche ainsi, dans la solitude illicite,
Rend hommage à ces dieux ; on l'entend murmurer : sa voix
Est à la fois mensonge et sacrifice ; innocent, il
Semble peu probable pourtant qu'il leur échappe ; tôt
Ou tard dans l'ombre douce on voit s'approcher les couteaux.

LE CRIME DE BASSE-YUTZ

Entrons maintenant dans la nuit première de l'assassin.
Il dort d'un sommeil innocent sur la planche inclinée,
Et ce trou demeuré dans la forêt n'a pas creusé son rêve :
Hier est encore pareil au cadavre enfoui
Sous une poignée enfantine de mousse.
Il fait nuit pour les toits serrés de la prison,
Pour la tête du père qui a pris un barbiturique.
Sa tâche cependant la terre l'exécute
Et dans une heure un ciel étroit luira comme la bêche
Qui déterre et dont le tranchant déjà cherche la gorge.
Oui, le temps pousse le malheur et traîne la justice ;
Un ange impartial au matin ouvre les yeux du tigre et de
    la biche,
Un autre les referme à l'instant du supplice. Et rien
Dans l'intervalle que ce peu de linge déchiré
Sur la face horrible d'amour qui pleure dans les bois.
Qui pourra jamais consoler cette épouvante ?
Et qui déchirera la solitude sanglante du tigre ?
Soleil, soleil, arrête-toi.

MATIN D'OCTOBRE

Lev Davidovitch Bronstein agite sa barbiche, agite
Ses mains, sa chevelure hirsute; encore un peu, il va
Bondir de son gilet et perdre ses besicles d'érudit.
Lui qui parle aux marins de Cronstadt taillés dans le bois
    mal
Équarri de Finlande, et guère moins sensibles que
Les crosses des fusils qui font gicler la neige sale.
Il prêche, Lev Davidovitch, il s'époumone, alors
Que sur le plomb de la Néva lentement les tourelles
Du croiseur *Aurora* vers la façade obscure du
Palais d'Hiver se tournent.
                        Quel bagou; quel ciel jaune;
Quel poids d'histoire sur les ponts déserts où parfois
    ronfle
Une voiture aux ailes hérissées de baïonnettes.
À Smolny, cette nuit, les barbes ont poussé; les yeux,
Brûlés par le tabac et le filament des ampoules,
Chavirent, Petrograd, devant ton crépuscule, ton silence
Où là-bas, au milieu des Lettons appliqués et farouches,
Lev Davidovitch prophétise, exhorte, menace, tremble
Aussi de sentir la masse immobile des siècles

31

Basculer sans retour, comme les canons sur leur axe,
Au bord de ce matin d'octobre.

(Et déjà Vladimir
Ilitch en secret a rejoint la capitale ; il dormira
Plus tard, également grimé, dans un cercueil de verre,
Immobile toujours sous les bouquets et les fanfares.
Cependant Lev Davidovitch agite sa tignasse.
Rattrape son lorgnon.

— un peu de sang, un peu de ciel
Mexicain s'y mélangeront le dernier jour, si loin
De toi boueux octobre délirant au vent des drapeaux
  rouges.)

SOLDAT DE PLOMB PERDU DANS L'HERBE

Ce tremblement de reins, de trains, de meubles fut la vie ;
Et voici l'angle du plafond qu'on ne repeindra plus,
D'où tombe maintenant dans une paix inavouable
Ce drap d'un noir méchant qui bouge et qu'il faudra
    franchir.
(Mais peut-être comme jadis on passait la barrière,
Et de l'autre côté brillera la prairie ; alors,
Brusque dans un trou d'herbe et de soleil, l'éternité
Sera cet éclat rouge et bleu,
Ce poids considérable au creux de la main qui retombe.)

N. EN TAILLEUR BLEU

Approche,
        je m'appuie à la porte qui tremble et brûle
De tout le soir oblique en ses vitres ; déchaîne,
En tailleur bleu, le pur élan qui excède le bond
De la licorne et la flèche de l'hirondelle ;
                                  je t'attends.
Et sur les remous assombris levant toujours plus haut
Ces bras où sont bercés,
                      bercés le silence et le temps,
Pose enfin ton pied nu au bord du gouffre où tu éclaires
Les racines des racines de l'ébranlement.

ROMAN

Ce qu'écrivirent les enfants sur les trottoirs, signes friables
Pour le ciel qui ne sait qu'attendre entre les marronniers,
Le vent, la pluie et tant de pas indifférents l'effacent, mais
L'écriture secrète un jour devient lisible, et c'est
Brusque, et c'est loin dans une ville où l'ombre des palmiers
Palpe l'asphalte des trottoirs sous la lune friable.
(Alors elle s'arrête à l'angle, et de faibles remous de soie
Creusent la nuit entre la mer et l'ourlet de sa robe.
Sous le fin tremblement des cils lentement s'arrondit
Une première larme où s'incurve un bouquet de palmes;
Et dans ce corps durci d'amour austère qui fléchit,
La précieuse soie entre la gorge et les entrailles se déchire.)

HAUTEURS DE BELLEVILLE

Ayant suivi ce long retroussement d'averses,
Espérions-nous quelque chose comme un sommet
Au détour des rues qui montaient
En lentes spirales de vent, de paroles et de pluie ?
Déjà les pauvres maisons semblaient détachées de la vie ;
Elles flottaient contre le ciel, tenant encore à la colline
Par ces couloirs, ces impasses obliques, ces jardinets
Où nous allions la tête un peu courbée, sous les nuages
En troupeaux de gros animaux très doux qui descendaient
Mollement se rouler dans l'herbe au pied des palissades
Et chercher en soufflant la tiédeur de nos genoux.
Nos doigts, nos bouches s'approchaient sans réduire l'espace
Entre nous déployé comme l'aire d'un vieux naufrage
Après l'inventaire du vent qui s'était radouci,
Touchait encore des volets, des mousses, des rouages
Et des copeaux de ciel au fond des ateliers rompus ;
Frôlait dans l'escalier où s'était embusquée la nuit
L'ourlet déchiré d'une robe, un cœur sans cicatrice.

LE BRACELET PERDU

Maintenant je reviens en arrière avec vous,
Cherchant des yeux ce bracelet dans la poussière,
Par un midi si dur que la lumière semble
Elle-même se dévorer, bientôt absente
En son vaste brasier qui se volatilise.
                              Et vous,
Qui vous agenouillez dans l'herbe blanche et les cailloux,
Votre profil, perdu sous l'horizon de vent qui nous entoure,
Fait de ce chemin creux une barque en dérive
Où nous serons ensemble à jamais maintenant,
Oubliés par le temps que la grandeur du jour immobilise,
Tandis que le sang bat à votre poignet nu.

LENTE APPROCHE DU CIEL

SOUS LA NUIT

Lourds édredons de suie et plumes de souvenirs :
Ce fut le monde. Il ne reste rien que la pointe
Des plus hautes branches crevant la couche de brouillard
Où la marche m'endort, et la pointe des grilles
Entourant les jardins pleins de monstres paisibles,
Et la pointe de vos talons, passantes dangereuses,
Marquant le temps désaccordé, le temps qui fut,
Dans la lueur mauve qui sursaute et va mourir,
Sous le pont fracassant les silhouettes et les voix
Brûlent sans une flamme et leur cendre épaisse
  m'étouffe.
Encore un pas, je dors, porté par de molles buées ;
L'œil fixe et sans paupière au milieu de mon ventre épie.

PLUIE DU MATIN

Je rassemble contre mon souffle
Un paysage rond et creux qui me précède
Et se soulève au rythme de mon pas. La rue
Penche, brisée en travers des clôtures.
Le jour qu'on ne voit pas lentement se rapproche,
Poussé par les nuages bas,
Décombres fumants de l'espace.
Des cafés à feux sourds restent ancrés à la périphérie
Où roulent des convois, la mer
Sans fin dénombrant ses épaves.
Je tiens ce paysage contre moi,
Comme un panier de terre humide et sombre,
La pluie errante en moi parcourt
L'aire d'une connaissance désaffectée.

L'AURORE HÉSITE

Les arbres penchés dans le brouillard immobile
Écoutent le cri de l'oiseau sans patrie.
On passe avec effroi par le chemin de terre :
La haute plaine au-delà n'existe plus,
Les buissons et les pierres sont en exode.
Au milieu du jardin tombé en déshérence,
La source rentre sous l'argile et pas un brin
D'herbe ne bouge. Mais on parle à mots couverts
Derrière la clôture où s'attarde l'odeur
D'un feu mouillé qui rôde. Est-ce vraiment l'aurore ?
Dans le brouillard qui s'épaissit luit le tranchant
Des faux laissées sur la pelouse obscure. Cependant,
Je marche d'un bon pas sous le cri mat de l'oiseau
Et les arbres enchaînés m'accompagnent.

LA HALTE À L'AUBERGE

Je ne sais plus quel est le sens de cet instant
Où, par l'étroite fenêtre de l'auberge,
Le ciel pâle éclairait en moi cette certitude :
Voici le vrai visage de ma vie.
Sur le papier sombre des murs, des bergers immobiles
Souriaient. Une paix semblable à la fatigue
Agrandissait les yeux des femmes. Dans ma bouche,
S'épuisait lentement la saveur de l'anis.
De l'autre côté du chemin, un vent clair agitait
La tonnelle de chaume où je m'étais d'abord assis ;
Puis nous étions entrés dans la plus basse salle.
Un billard tenait le milieu, entouré de très longues tables,
Et les verres qu'on apporta étaient très lourds.
Nous nous taisions, bien qu'entre nous vibrât une impatience.
Tourné vers l'étroite fenêtre,
J'interrogeais des yeux le ciel tranquille,
Sachant que la réponse était déjà perdue
Et que, mon verre vide, il me faudrait partir encore,
Laissant ma vérité penchée sur le drap lumineux
Et les combinaisons infinies des trois boules.

APRÈS-MIDI

Pâle clarté d'après-midi sur les toits bleus et roses.
La cloche va sonner ; on voudrait dormir comme l'arbre
À l'angle de la rue où ne passe jamais personne.
Mais l'astre d'insomnie est dressé là, strident
Comme un coq au milieu de la cour abandonnée,
Entre les timons dont le bois poli craint de luire.
Et tout ainsi, jusqu'à l'oiseau irréprochable qui s'est tu,
Frissonne dans la pauvreté humiliée des apparences.
Sommeil, ou mort, votre ombre est préférable à ce dévoilement
Infini des rêves livrés à l'ironie de la lumière,
Aux yeux qui n'ont plus de paupière et ne peuvent nier
Ce vide qui s'accroît soudain lorsque deux heures sonnent.

ESPÈRE ET TREMBLE

Bien avant le printemps parfois une chaleur étrangement lourde
S'élève vers le soir à la corne du bois sans feuilles ou près de la rivière,
Et rôde entre les chemins creux où brûle un résidu de soufre,
Halo des milliers d'yeux des milliers de troupeaux qui remontèrent
Des fonds troubles du temps vers ce qui fut le tumultueux avenir.
Espère et tremble : qui s'approche ou s'efface encore au détour,
Couronné d'herbe rude et d'un éclat de bleu plus vif
À mesure qu'en bas la nuit dissout les reflets, les réponses
À la question déployée en ton cœur comme un drapeau ?
Espère et tremble au souffle chaud qui rôde ; espère et tremble.

LE CIEL À VILLAROCHE

Dans l'évidence et l'indicible était cette simplicité :
L'angle du toit d'aluminium, le mur blanc perpendiculaire
À l'horizon de granges basses, de boqueteaux rouillés,
Étroit segment de paix dans une profondeur active et
    lumineuse,
Interrompu à l'opposé par le cadre où je me tenais
Depuis longtemps déjà immobile devant le ciel,
Lambeau de bleu coupé par les lignes du toit
Et qui, limpide et dur comme l'œil d'une femme nue,
Levait au ras des bois sa jeune paupière.
Ô mon amour, mon petit ciel,
De quelle certitude ai-je été possédé soudain,
Pour danser à la fin comme j'ai fait pour toi, riant
Comme on sort de la mer enveloppé de gouttelettes,
Planant très haut porté par le battement de mes bras
Qui dessinaient sans le savoir la figure secrète,
L'alpha et l'oméga mêlés en une seule rose.

LENTE APPROCHE DU CIEL

C'est lui, ce ciel d'hiver illimité, fragile,
Où les mots ont la transparence et la délicatesse du givre,
Et la peau froide enfin son ancien parfum de forêt,
C'est lui qui nous contient, qui est notre exacte demeure.
Et nous posons des doigts plus fins sur l'horizon,
Dans la cendre bleue des villages.
Est-il un seul mur et sa mousse, un seul jardin,
Un seul fil du silence où le temps resplendit
Avec l'éclat méditatif de la première neige,
Est-il un seul caillou qui ne nous soient connus ?
Ô juste courbure du ciel, tu réponds à nos cœurs
Qui parfois sont limpides. Alors,
Celle qui marche à pas légers derrière chaque haie
S'approche ; elle est l'approche incessante de l'étendue,
Et sa douceur va nous saisir. Mais nous pouvons attendre,
Ici, dans la clarté qui déjà nous unit, enveloppés
De notre vie ainsi que d'une éblouissante fourrure.

RUE ROUSSELET

De la rue avec son vieux mur on dit qu'elle s'enfuit.
C'est vrai sur quelques pas après l'angle, puis tout s'apaise,
Et le vieux mur devient son propre reflet dans une eau
Très ancienne ; et si l'on marchait, changerait-on de vie
Ou d'âme avant d'atteindre l'angle opposé qui navigue
En un temps différent, dans la lente clarté fragile
Des feuilles d'un jardin clos sur les souvenirs ?
                                                     La clé,
Nous l'avons vue un jour briller entre des livres, doigts,
Nuages oubliés ; tous les rayons du soir la cherchent
Parmi la symétrie énigmatique des balcons
Où le ciel vacillant se penche pour attendre une ombre ;
— Oblique à travers la douceur fugace de la rue,
Elle s'enfuit déjà par tout l'oblique de nos cœurs.

SOIR

Comme nous voici loin du clapotis bleu des collines
Qui bat contre les murs que va démanteler le soir ;
Ici ; ne bougeons pas ; le souvenir de cet instant
Qui vient se penche sur nos fronts et nous sommes
  perdus,
Bien qu'une branche rame encore et cherche à nous sortir
Du remous désormais figé qui nous retient.
                              Si près
Qu'on y pourrait tremper la main, la source s'abandonne
Au bonheur précaire du temps qui coule, mais nos voix
Semblent demander l'heure, encore incrédules : déjà
Leur écho s'est éteint parmi les arbres immobiles.
Nous voici là, debout dans la lumière de l'exil,
Interrogeant en vain notre ombre au soleil qui décroît.

DEUX SONGES

Je dormais dans une maison prise par le brouillard.
Un songe que j'aurais pu faire éclairait le jardin
Et dans le brouillard du sommeil je tâtonnais en vain
Pour entrer dans cette lumière absente et véritable.
Cependant je croyais toucher l'herbe minutieuse
Et les cailloux à jamais dénombrés ne m'étaient pas
Étrangers, ni l'orme sans ombre auprès de la clôture
Où la rose morte brûlait d'un souterrain éclat.
M'étais-je confondu avec la paix inaccessible
Au voyageur, avec la pierre où je voulais m'asseoir ?
Éveillé j'ai fait quelques pas dans la lumière aveugle
Et j'ai vu s'avancer mon double ; il m'a pris dans ses bras,
Disant : puisqu'un songe en dehors du songe nous rassemble,
Il faut prier ; tes yeux ouverts ne se fermeront plus,
Tes yeux qui voient.

CHARENTE

Arrondie et pointue alternativement la barque
De soleil glissant vers la mer replonge et disparaît
Dans le ciel nuageux de Saintonge aux replis massés
Contre des volets bleus, entre les toits de tuiles rondes.
Un désordre léger d'oiseaux cligne sur l'étendue
Exacte de labours, de prés, d'arbres qui s'accomplissent
Dans la sourde épaisseur du gris où le temps submergé
N'avance plus parmi les eaux, les herbes dévêtues.
À l'horizon très bas la carrière de bleu s'effondre
Avec le sable du rivage ou se rouvre soudain,
Et le jour se déploie au-dessus des premiers villages
D'Aunis équilibrant ce poids de terre et de nuages
Qui les maintient dans la douceur de la nécessité.

LE SOIR ÉCLAIRCISSANT

La clarté qui fond de la crête éblouissante éclate
Sur l'arête du toit. En bas l'espace de la rue,
Un rayon plus large au tranchant de bêche le laboure.
Que nous enseigne le déclin du jour quand le nuage
Se déchire au-dessus des maisons, quand le désir
S'immobilise et tend sa face à la douceur
Déclive ? — Rien, sinon ce repli sans fin dans la joie
Égale à la clarté qui ne dit rien mais nous déchiffre.

PRIÈRE D'UN PASSANT

Toi qui peux consoler, dieu des métamorphoses, vois
Le désordre uniforme de vivre et comme je suis las.
Je voudrais devenir une pierre et rêver ta gloire
Obscurément, comme rêvent l'ardoise et le charbon.
Ou bien fais-moi semblable à cette aile d'espace
Qui vibre à peine sur les toits et le long des façades
Quand le soir m'ouvre l'amitié muette des maisons.
Mais ne me laisse pas, entre la rue et les nuages,
Contre la marche bleue heurter mon crâne ; casse-le,
Répands-le dans ta douceur d'ardoise et d'horizon.

L'INSTANT

J'aimerai cet instant pour lui-même, dans sa froideur
Soudaine après un long détour et la déclivité
De la rue affleurant au loin l'eau très basse du ciel,
Après l'arbre effleurant derrière les maisons le cercle
Invisible où j'ai cru poser la main, dans cet instant.

LE SOIR SUR LA CHARENTE

Enfin le vert épais de la Réfléchissante
Qui s'applique à sa pente insensible fonde l'espace,
Et la simplicité naturelle de la pensée, une
Et distribuée en champs cousus, toits, saules, peupliers,
Colline et laboureur sur le jour dont fléchit l'épaule,
Entre de toutes parts et gracieusement me salue.
Soleil et terre aux bras ouverts mesurent face à face
L'écart doré, le seuil au bas des marches de la nuit
Où la profondeur rassemblée entend les mots du paysage.
Pensée est cet intervalle du soir qui s'élargit
Afin que l'innombrable soit, par le rayon qui tourne,
Un instant dénombré : ces pêchers dont le rose
Éclôt dans sa propre chaleur, ce rouge
Absorbé du tracteur au bord de l'emblavure,
Et mon front comme la rivière entre ses berges bien
    assises.

L'AUTOMNE RUE ROUSSELET

Déjà le plus sûr est tenu par la simple promesse
Du coin de la rue en automne, et la nuit vient.
La dernière boutique éteint ses lampes ; je me tiens
Sous le mur assombri, dans la chaleur d'une détresse.
Des femmes sans passé hésitent, disparaissent
Avec ce geste indéfini dans leurs cheveux.
Je ne sais plus ce que j'attends ici ; ce que je veux
M'est remis : ce n'est rien qu'un murmure qui se disperse,
Une lueur qui s'affaiblit au fond des yeux.

FLAQUES

À peine un millimètre d'eau sous les arbres saisit
Le ciel convulsif qui s'apaise et qui s'approfondit
Pour que naissent entre nos pas l'hiver et ses nuages.
Et comme un inconnu surgi d'en haut notre visage
Apparaît un instant et sans rien dire nous sourit.
Oh répondez, ciel d'abîme innocent, bouche sagace,
Ouvrez-vous sans mesure avant
Qu'un peu de vent trouble à jamais l'espace dans l'eau
    mince.

AUTOMNE

Ah je le reconnais, c'est déjà le souffle d'automne
Errant, qui du fond des forêts propage son tonnerre
En silence et désempare les vergers trop lourds ;
Ce vent grave qui nous ressemble et parle notre langue
Où chante à mi-voix un désastre.
                              Offrons-lui le déclin
Des roses, le charroi d'odeurs qui verse lentement
Dans la vallée, et la strophe d'oiseaux qu'il dénoue
Au creux de la chaleur où nous avons dormi.
                                          Ce soir,
Longtemps fermé dans son éclat, le ciel grandi se détache,
Entraînant l'horizon de sa voile qui penche ; et le bleu
Qui fut notre seuil coutumier s'éloigne à longues enjambées
Par les replis du val ouvert à la lecture de la pluie.

PORTE D'AUTOMNE

DERNIER DIMANCHE DE L'ÉTÉ

(Le ciel détruit, le pâle échafaudage en feu sur la vallée
　　où les chemins, aux abords du village, rôdent comme
　　l'idiot ; et le disque de l'étang mort haut déjà sur les
　　vignes dévoyées par cette brûlure : dimanche dans le
　　long délabrement des cloches, le tonnerre muet du
　　temps.)
Qui nous délivrera ; qui viendra nous chercher dans ces
　　décombres ?
Est-il vrai qu'au bas du jardin où l'on brûle des ronces
La fumée invisible a pressenti le vent d'automne
Et qu'un frisson de l'oseraie a desserré les dents
Qui traînent l'horizon dans sa propre poussière ?
Le jour aux yeux crevés reste seul assis sur la place ;
Durent jusqu'à la nuit sous les hangars méconnaissables
L'angoisse des enfants et la tristesse des outils.

SEPTEMBRE

Ce qui se lève tout à coup dans la lumière, annonçant l'automne ;
Et ce vent des jours oubliés flottant comme une pèlerine ;
Et ces arbres appareillant non vers la neige ou les brouillards déjà sous les collines,
Mais vers la mer intérieure où le ciel se déploie
Et dans un ciel plus haut comme un drapeau fragile se déchire,
Arbres rentrant au port enfin, feux rallumés en autrefois.
(Autrefois reste la patrie.
Mais de nouveau septembre ici
Ramène la halte du ciel et des arbres d'automne
En vain : nous ne reviendrons pas,
Bien que cette clarté se lève encore sur les bois
Et submerge les prés où nos pas ne couchent plus l'herbe
Ayant ce peu de poids des morts et de leur nostalgie.)

LA RENTRÉE

L'air d'automne est si clair qu'au-dessus de la ville
On entend craquer les forêts d'Alsace et de Lithuanie
Et passer des renards dont l'œil a la tendre sauvagerie
De ce ciel dénudé qui tremble au milieu de la rue.
Un barrage a cédé très haut dans les gorges du levant,
Libérant le bleu sans rumeur qui déborde les cheminées
Et, par la porte ouverte au cœur étouffant de septembre,
Voici le vent couleur d'averse du matin qui rentre
Avec son odeur de terrier, de bois mouillé, de gelée blanche,
Et sa stature d'autrefois dressée comme une promesse.
Je tends les bras dans ce retour de milliers d'ailes
Vers ce qui fut promis par la cloche aiguë du collège sous le brouillard,
Vers les anges dépossédés qui guidèrent mes pas parmi les bogues de l'allée,
Et la gloire d'octobre à genoux dans les feuilles mortes.

PORTE D'AUTOMNE

Porte d'automne, lente écluse entre les peupliers ;
Cataractes de paix dans le bleu guerrier de l'été ;
Souffle du haut vantail sur les gonds criants des forêts ;
Espace enfin, démarrage de tout l'espace à travers un
    espace vrai,
Mais retour où criait le couvercle noir du plumier.
Et non,
Je ne cherche pas une enfance à tout jamais paralysée
Entre les figures indéchiffrables qui se retirent,
Mais le pays qui s'ouvrait librement au bord de la saison
    seule et dure.
Oh j'aimais le tilleul dans la cour étroite du boucher juif,
Et cette lumière tranchée à coups de sabre entre le parc et
    les casernes, mais
Ce qui s'élançait vers le ciel délivré de septembre
Déjà me rappelait.
             (Et quoi encore ?
Ils ont tué
Pol Israël dit Salomon dans un wagon du camp
    d'Écrouves,

Sous le même ciel innocent jusqu'en Ukraine aux blés
   brûlés.
Et moi qui posais mes quarante sous sur le comptoir pour
   le pot-au-feu du samedi,
Je suis ici à murmurer la poésie d'octobre !
                                          — Écoute,
Il fallait se taire plus tôt.
À présent tous ces mots voués à la transparence men-
   teuse,
Que disent-ils, si l'eau que je suis, doucement déchirée,
Oppose sa froideur musicale au retour du navire
Où ils auront pris place à nouveau, les disparus ?
Mais c'est ainsi : la saison seule et dure qui s'annonce
Est aussi l'ouverture aux pas dans la neige du loup
Qui n'a pas de pays, n'a pas de souvenirs, ne sait
Que sa faim obtuse inscrite dans l'ordre où je me risque.)

DISTANCE DE L'AUTOMNE

Puis tel soir de septembre après tous ces jours lumineux,
Le soleil n'est plus qu'un chasseur entre les landes de nuages ;
Il guette et la forêt se retire en elle-même,
À distance du rayon froid.
Des craquements veillent partout sur le silence
Et la mûre dans les taillis tend ses grappes noires à personne.
Ce sera donc la nuit dans une heure. Le ciel
Très pâle se réserve et ne touche plus l'herbe ni les eaux
Qui se retournent vers la profondeur oblique.
Buvez, doux animaux.

PLUIE EN OCTOBRE

Des ogives de pluie, et au-dessus la pluie en ogives ruinées
Occupent le milieu du jour qui ne finira plus. Et la
Bâche du porche encore se soulève, et claque, et se déchire.
          Vaste,
Et sans cesse détruite était cette maison de pluie aux toits crevés,
Aux couloirs grelottant sous les arbres vers des cachettes
Qui sentent le lierre, le cèpe,
L'odeur fade d'un dieu sans exigence et sans bonté.
                              Retours
Par la fondrière de sable chaud près de la mare,
Où l'église de pluie allait rompre son dernier arc
Fleuri d'une grappe de roses bleue et verte qui s'appuie
À cette poutre de soleil tombée en travers de la porte.
Ah parvis foudroyés, marches disjointes, terreau sombre entre les dalles,
Flaques comme une main posée sur les yeux qui vont voir
Et, de la mince épaule d'eau jusqu'aux têtes sans poids des herbes,

Un frisson propagé par le déboulé des nuages !
Puis, dans le soir comme un front d'animal lourd à porter,
S'entassaient à nouveau les ruines de pluie ogivale sur le
    pays,
Sur le *Te lucis ante terminum* de la veilleuse,
Quand les soubassements du cœur restaient inaccessibles.

DANS LA MAISON

À René Ménard.

De quoi pouvons-nous avoir peur ici, puisque c'est la maison ?
Dehors nous entendons le ciel comme le souffle d'une bête
Chercher cet autre ciel en nous qui s'écarte sans fond.
L'inconnu marche, on voit ses pas marqués dans les touffes d'étoiles,
Et même dans l'après-midi, aveugle à la fenêtre
Le bleu dresse son front.
Les voix qui gouvernent alors ne nous consolent plus. Il reste
À détourner contre ce mur une tête pleine de larmes.
Quand notre misère interroge, une détresse lui répond
Ainsi, comme à la porte basse où heurte la prière.
Et qu'espérer de plus, nous qui sommes toujours au centre, avec
Nos bras posés sur le cercle de l'horizon, dans la demeure

Où tout nous est donné, même l'horreur qui s'ouvre au fond
Comme l'acquiescement sauvage des chevaux sous les collines ?
Ici c'est la maison.

L'INTERVALLE

Comme la main ouverte avec toutes ses lignes,
Et ce renflement faible à la base du pouce : telle est la Terre
Où nous, voyageurs expulsés des triages d'étoiles,
Invités à franchir la haute verrière de la mort,
Nous trouvons un moment de repos, de quoi boire et bâtir
Sous le ciel arrondi comme un sein qui nous allaite —
Ô bleu spirituel ébloui d'oiseaux, recueilli par les flaques, par nos fenêtres
Et par les yeux des animaux que nous mangeons.
Le temps même nous est donné de nous connaître un peu
Dans la claire épaisseur du buisson de parole ou, sans un mot,
Par le tranchant du couteau sur la gorge, et le commerce
Illicite du sang sous le drap pur et béni des noces.
Car au flanc de l'épouse aussi voyageuse, la nuit
Qui nous crache s'est faite infiniment désirable,
Et la pulsation du vide entre les mondes se prononce
Avec la douce lèvre humide et le cri qu'elle étouffe.

Et sans cesse aux deux bords du séjour battent ces portes, mais
Le ciel demeure clos sur nous comme une mère,
Et l'intervalle de lumière où nos os blanchiront
Dessine avec notre ombre sur le sol qui nous élève
Sa tremblante et secrète miséricorde.

LA TERRE QUI S'ÉLOIGNE

Nous pouvons dire *ici,*
Douces briques sans fin recuites par le désert,
Furent Ninive et Babylone ; mais la terre,
Quand elle aura comme un charbon sanglant dispersé dans le ciel
Nos os, nos codes et le soc des dernières charrues,
Qui dira, désignant cet orbe annulé dans l'espace,
Ici fut le nid appendu entre les branches du soleil,
Le feuillage de l'arbre de parole et sa racine
Arrachée et jetée au feu sans flamme de l'éther ?
(Et déjà nous nous éloignons un peu dans le sifflement des fusées ;
Du sas étroit, l'éclaireur des routes d'étoiles
Émerge, et de ses bras épais saisit la terre mère
Comme la tête d'un enfant perdu qui reparaît en songe —
Et nul n'a plus de voix, ni le rêve, ni le dormeur,
Ni la nuit véhémente qui les emporte.)

AMEN

Nul seigneur je n'appelle, et pas de clarté dans la nuit.
La mort qu'il me faudra contre moi, dans ma chair,
    prendre comme une femme,
Est la pierre d'humilité que je dois toucher en esprit,
Le degré le plus bas, la séparation intolérable
D'avec ce que je saisirai, terre ou main, dans l'abandon
    sans exemple de ce passage —
Et ce total renversement du ciel qu'on n'imagine pas.
Mais qu'il soit dit ici que j'accepte et ne demande rien
Pour prix d'une soumission qui porte en soi la récompense.
Et laquelle, et pourquoi, je ne sais point :
Où je m'agenouille il n'est foi ni orgueil, ni espérance,
Mais comme à travers l'œil qu'ouvre la lune sous la nuit.
Retour au paysage impalpable des origines,
Cendre embrassant la cendre et vent calme qui la bénit.

Récitatif

À Roger Munier.

I

LES FILS DU CIEL

L'étonnant ciel multiple est rempli de colères inexplicables.
Il s'assied quelquefois à la porte de la maison :
Les étoiles dans sa barbe profonde fleurissent
Et nous écoutons ses histoires de vieux salaud.
Du nadir au zénith il gouverne dans l'harmonie ;
Les sages à bâton disent qu'ils entendent sa musique
Mais les jeunes au sexe dur lui jettent des pierres,
Criant : lève-toi donc, montre la vermine de ton cul, ivrogne !
Et les femmes se sentent heureuses et apeurées.
Elles n'ont pas cessé d'écosser les pois dans du cuivre
Et le lin a rougi le même endroit doux de leur peau.
Tout ce qu'elles portent ainsi provient de la terre :
L'eau du puits, le lait expulsé du pis de la vache,
Le vin qu'elles servent aux hommes et l'époux
Lui-même qui n'en finit pas d'appeler sa descendance
À grands coups de sonde violette au milieu de leur ventre.
Tenues au même instant d'invoquer la mère des mères,
L'amante ensevelisseuse qui donne et reprend tout,

Elles semblent cacher leur visage dans un manteau,
Comme fait la terre féconde sous les nuages.
Et c'est pourquoi l'homme est triste ensuite et se reproche
Avant de s'endormir sa bestialité, sa bêtise.
Elles savent — ayant commerce avec la belle-sœur bréhaigne
Pâle ou rousse là-haut, l'exacte ouvrière des pluies.
Mais eux s'entretiennent de socs et de forts animaux
Domptés par le chanvre, et des bois que seul franchit le fleuve.
Et voici qu'un matin ils coiffent le casque à plumes
Et lèvent à hauteur du nasal le plus petit
Qui cherche à frapper de ses poings ces dents terribles.
Quand donc cesseront-ils de profaner l'ordre simple,
Impatients du rythme de leur cœur et des saisons ?
Mais d'autres demeurent assis tant que dure la guerre
Et sur le sol jamais repu de la fadeur du sang
Font rouler avec les enfants les osselets qui prennent
Figure des constellations tremblant sur les prairies.
Ni le soleil au jet de fronde, ni l'océan rond qui nous borne
Ne peuvent dire notre nom. Le soir plein de voix nous apaise.
Mais le sommeil nous prend au bord inchangé de l'énigme
Et le père en fureur qui nous tente et qui nous accuse,
Le ciel, est comme cet espace entrouvert sous nos fronts.

MAUVAISE TÊTE

Alors je leur ai dit :
La nuée au-dessus de l'arche, moi je ne l'ai jamais vue
Et traîner cette boîte vide à présent ça suffit.
Retranchez-moi si vous voulez, en tout cas moi je me retranche —
De vos fêtes, de vos émeutes quand les sauterelles
Se font rares ou l'eau saumâtre, et de l'apostasie
Aussi de bœuf en bœuf qui vous roule dans la poussière
Mais l'œil toujours en coin vers la base de la montagne
Où le Vieux cornu resurgit pour casser de l'ardoise
Et cracher la fumée d'orage par les oreilles.
Malheur, je leur ai dit,
Que le fil des roseaux d'Égypte n'ait pas tranché
Ses petits poings serrés sur une âme déjà remuante,
Et l'éternité plate du fleuve englouti
La première marche du temps rouvert par la Promesse.
Mais moi souvent parmi les froissements innombrables du songe,
Écoutant glisser la robe d'une princesse vers les lotus,
J'ai détourné ces pas qui déjà foulaient la pente de l'exode :

La noire extermination, les signes sanglants sur les portes,
La tranchée dans la mer comme un coup de vent par les blés.
Qu'est-ce que c'est que cette patrie, au-delà des cailloux,
Dont vous ne goûterez pas l'herbe, et quel autre
Canaan que la mort ? Qui nous a séparés
Du sombre Nil d'oubli dont on ne connaît pas les sources ?
Voilà ce que j'ai dit.
Ils se regardent maintenant, pour savoir qui jettera la première pierre.
J'ai pitié d'eux, pitié du berger solitaire qui les pousse
Comme son ombre à travers ce néant de sable et de siècles.
J'ai pitié mais j'ai peur aussi, je voudrais être ailleurs de toutes mes forces.

TERRE DES LIVRES

Longtemps après l'arrachement des dernières fusées,
Dans les coins abrités des ruines de nos maisons
Pour veiller les milliards de morts les livres resteront
Tout seuls sur la planète.
Mais les yeux des milliards de mots qui lisaient dans les nôtres,
Cherchant à voir encore,
Feront-ils de leurs cils un souffle de forêt
Sur la terre à nouveau muette ?
Autant demander si la mer se souviendra du battement de nos jambes ; le vent,
D'Ulysse entrant nu dans le cercle des jeunes filles.
Ô belle au bois dormant,
La lumière aura fui comme s'abaisse une paupière,
Et le soleil ôtant son casque
Verra choir une larme entre ses pieds qui ne bougent plus.
Nul n'entendra le bâton aveugle du poète
Toucher le rebord de la pierre au seuil déserté,
Lui qui dans l'imparfait déjà heurte et nous a précédés
Quand nous étions encore à jouer sous vos yeux,
Incrédules étoiles.

SITUATION DE L'ÂME

La chair, oui, mais l'âme n'a pas désir d'éternité,
Elle qui rétrécit comme un rond de buée
À la vitre et n'est que syncope
Dans la longue phrase du souffle expiré par les dieux.
Elle se sait mortelle et presque imaginaire
Et s'en réjouit en secret du cœur qui la tourmente.
Ainsi l'enfant que l'on empêche de jouer
Se dérobe les yeux baissés contre sa transparence.
Mais les dieux où sont-ils, les pauvres ? — À la cave ;
Et n'en remontent que la nuit, chercher dans la poubelle
De quoi manger un peu. Les dieux
Ont tourné au coin de la rue. Les dieux
Commandent humblement un grog à la buvette de la gare
Et vomissent au petit jour contre un arbre. Les dieux
Voudraient mourir. (Mais l'âme seule peut,
À distance des dieux et du corps anxieux
Dans son éternité d'azote et d'hydrogène,
À distance danser la mort légère.)

LES LETTRES DE L'ÉPITAPHE

Oh vivre ici, Démétrios, dans les bras repliés
Des collines. Avec un toit, du fromage, du vin,
Des fourrures de chèvre au lieu de casques sous la tête
Pour regarder le ciel à quoi nous ne comprenons rien.
Couchés ce soir sur l'herbe rase où l'on a répandu
À l'aube les boyaux décevants d'une poule, où demain
Rouleront dans le sang tes drachmes au profil usé,
Mercenaire. Tu ronfles.
Peut-être qu'en dormant tu connais la forme des mondes
Et que nous en saurons la raison tout à l'heure
Quand la lumière ayant touché la pointe de nos armes
Il faudra y aller, camarade.
Noires sont les blessures au soleil qui a soif.
Que l'épée nous abrège : aucune immortelle, crois-moi,
Ne viendra salir ses pieds nus dans la sève de ceux qui
    gisent.
Empoigne donc la terre et mords, si tu veux qu'un peu de
    poussière
Ait pitié de ton ombre et se souvienne. En haut je ne vois
    pas
D'étoile qui déjà ne soit oubli, dur regard traversant

La fumée inutile des sacrifices.
Même les Infernales
Se taisent, et nous sommes seuls avec l'heure qui rétrécit.
Mais le ruisseau qui sépare nos feux de l'autre armée
En bas chuchote encore et fait luire, entre les roseaux
Ces hautes tremblantes lettres que je ne sais pas lire.

APOLLO

La terre se résume en eux comme l'odeur d'une fumée.
                                                    Et
    nous,
Sous le crâne épais qui tient plus d'étoiles que tout
    l'espace,
Mesurons ce qui reste de terre ici, debout
Dans le rythme fondamental de la plaine sur les vallées,
À moitié déjà confondus avec les graines des labours
Entre ces blocs rompus qu'on voudrait serrer comme des
    têtes ;
Déjà perdus sur la route qui plonge encore par détours
Vers des vieux secrets d'arbre mort, de herse dans l'oubli
    des herbes
Enfoncée — et le lourd présage encore de trois corbeaux
À gauche avec le roulement des nuages dans les ornières
Où creusèrent les tombereaux.
                              En eux déjà le ciel recule ;
En eux s'accroît sans fin la distance, l'illusion,
Quand c'est le ciel ici qui vient encore sur les fronts
Et les murs, ses doigts bleus d'aveugle cherchant la
    différence

Avec douceur, disant : comme je t'aime, comme je t'aime,
Écoute, est-il pour nous d'autre distance que l'amour,
Mais celle-là réelle où, comme les tours des villages,
Nous saluons au loin de toute notre stature ?
Ainsi parlait le ciel ; ainsi parle encore la terre.
Au flanc de la plaine qui s'adoucit en pentes sous les futaies,
Les grands cassements souterrains délivrent encore des sources,
Et les voix qui flottent le soir avec l'amitié de la brume
Touchent le cristal éternel, hantent le songe des collines.
Mais au-dessus, muet depuis toujours, l'entretien du possible
Et du destin, comme l'arc et la flèche, se poursuit.
L'appel est tout-puissant, et notre réponse est obscure.
(Cependant je suivais la route
Sous le ciel dont le bleu refuse l'abîme des astres ;
J'arrivais près du mur qui du lierre, dans la clarté, s'élance telle une jeune fille —
Pour appeler aussi, me rappeler, et la réponse
Était l'air immobile entre nous comme un sourire.)

ÉQUINOXE

Je cherchais comment l'eau, les rochers, les oiseaux, les
    arbres
Font pour tenir ensemble, et les nuages qui figurent
Le monde vagabond, rythmique, engendré, s'engendrant
Comme le même songe instable au fond d'yeux jamais
    clos.
Je savais qu'à beaucoup se refuse la gloire d'une herbe
Au sommet d'un talus, pesant le dos large du ciel
Qui nous supporte, et que le vent chasse dans la lumière
Les signes des cristaux de neige pour la boue.
                                              — Ô tête
Ici de tout soutien privée, où est le mur ? (Un mur
À défaut d'une mère, et dormir dans les ruines de son
    flanc.)

Et je voyais le vide entrer dans l'apparence avec
Les bourgeons qui toujours pour la première fois revien-
    nent,
Poussés par la force d'oubli qui de sa couche arrache
Et féconde ce vaste corps tumultueux d'étoiles
Puis l'abandonne à notre porte ouverte, comme un dieu

Encore enfant mais bien trop haut pour nous, hôtes déjà
Qui hébergeons et nourrissons le dieu de notre mort.

Du seuil, je relevais d'oiseaux et d'arbres quelques traces
Au fond de la combe où le soir tout à coup se rappelle —
Et c'était l'heure où, des enfants, brillent à contre-jour
Les bicyclettes, quand
Le plus petit au carrefour tombe dans un remous
De lueurs qui vont l'engloutir en larmes dans la mémoire ;
Et touchant de la nuit la bouche dépravée j'ai dit :
Quel long désastre en bouquets éclatant qui saluent
L'éveil jamais surgi dont nous sommes le souvenir
Les messagers perdus dans les distances inhabitables.

II

LE DÉTOUR

(Gesang des Deutschen).

Ce fut un long détour ce murmure de poésie
Avant le quai d'embarquement écrasé de lueurs,
Les plaintes des essieux sous les caisses, les enfants
À l'écart et si beaux, si dociles dans la terreur
Mais prêts à croire encore en quelque bonté de la fourche,
Et le feu qui m'enveloppait comme un vêtement rouge,
Ma gloire dans l'exquise odeur de soufre, ma chaleur :
Long détour vers la vérité sanglante du cœur, de la patrie.

Et soudain le silence au matin dans la petite pluie,
La mer comme une route en détresse par les labours
Roulant innocente sous les dernières fumées.
Au bord d'un autre monde et d'une mémoire déserte,
J'errais avec l'éternité nuageuse. Une barque
Viendrait plus tard, beaucoup plus tard. J'avais le temps

D'arrondir mon discours pour les convaincre, les rameurs
Taciturnes. Plus tard. Quand la fatigue et la justice
Auraient tressé pour moi la bonne corde, chauffé le four.

Mais pourquoi fallut-il si longtemps pour que le cœur se
    crache,
Et ce fil sanglant qui du ciel à la terre interdite
Inutilement coud les lèvres de la blessure :
À quoi bon maintenant s'ils ne sont plus, résorbés dans le
    gris
Avec la petite valise, du sucre et les photos, déjà
La tringle en travers de leurs corps sans sommeil
Entre les projecteurs et l'éclair souterrain qui pro-
    fane ? —
À la place du cœur l'espace des cohortes, le vent
Dans la porte enfoncée et la pente de l'expulsion ;
L'œil unique de l'ours ami contre la joue et qui fixe
À jamais la douceur égorgée. Ils ne sont plus.

Mais comme un jour d'été sur la ligne de fuite les nuages,
Sur le rail opulent du bleu les convois de nuages,
Un chœur s'enfle et m'apaise. Ici la paix, entre les faux ;
Étroite ; pas un geste ; à peine un murmure de fou
Qui n'a plus pour maison, dans un désert de dieux et
    d'arbres,
La tour tremblant au fil de la rivière comme un oiseau,
Mais l'aire où je dansais dans la fraîche couronne de
    flammes
Avant ce long détour.

COUVRE-FEU

Dans le lit de la loi couche le malfaisant;
Contre le feu mort de la loi tremble le juste.
Effrayée la bonté se cache au fond des cours,
Dans les yeux des enfants
Retournés du côté de l'enfance déjà perdue.
Une longue hésitation saisit les avenues.
Ô sommeil de l'espace, qui
Nous égare à présent sur les ponts démarrés du rêve?
(Et sans cesse des profondeurs soupirent les sirènes.
Tel qui dormait près de son cœur entend
Battre par les fourrés le pas du matin qui s'approche
Et les dieux impuissants pleurer dans leur retranche-
   ment.)

LE CORRESPONDANT

Il arrive la nuit que je ne dorme pas durant des heures.
Autrefois je me retournais comme une folle dans mon lit.
Et puis je me suis mise à inventer des lettres
Pour des gens lointains et gentils, moi qui ne connais personne.
Maintenant je vois dans le noir, comme aux cinémas de campagne,
Des signes sur l'écran parmi des poussières d'étoiles :
C'est moi qui parle, ainsi qu'un champ de marguerites fleurit.
Si je voulais, je crois que je pourrais en faire un livre,
Et mes rêves aussi mériteraient d'être décrits :
Je descends de grands escaliers, en longue robe blanche ;
Des personnes très bien m'attendent tout en bas des marches :
Ah nous avons reçu votre lettre, ma chère... Il est minuit.
On s'éloigne en dansant sous les arbres qui s'illuminent.
Passent sans aucun bruit de profondes automobiles.
Les boulevards touchent le sable de la mer. Je ris,
Et c'est frais dans mon col de renard couleur de lune.
(Vous êtes là, ramassé sous le mur à l'ombre courte,
Comme au verger d'enfance où je n'ai pas osé pousser un cri.)

LA FÊTE EST FINIE

À Jean Ballard.

Il est tard maintenant. Me voici comme chaque soir
Claquemuré dans la cuisine où bourdonne une mouche.
Sous l'abat-jour d'émail dont la clarté pauvre amalgame
Les ustensiles en désordre, un reflet dur écrase
Ma page confondue aux carreaux passés de la toile,
Et la fenêtre penche au travers de la nuit où tous
Les oiseaux se sont tus, et les mulots sinon les branches
Que le vent froisse et ploie, et les plis des rideaux,
Et les remous de l'eau contre les berges invisibles.

Mais qu'est-ce qui s'agite et crisse en moi, plume d'espoir
Qui s'émousse comme autrefois quand j'écrivais des lettres
Et que toujours plus flous des visages venaient sourire
En filigrane, exténués comme le sens des mots
Ordinaires : *tu sais la vie est plutôt difficile
Depuis qu'Irène* — ou bien *ne me laissez pas sans nouvelles,*

Et pour finir ces formules sans poids qui me navraient,
Ton père affectionné, ma grande, et tous ces *bons baisers*
Au goût de colle, de buvard et d'encre violette.

Non, soudain c'est ma propre image qui remonte et flotte
À la surface du papier, sous les fines réglures,
Comme le jour où chancelant sur le bord du ponton
Parmi les frissons du courant j'ai vu glisser en paix
Ma figure sans nom. — *L'identité du malheureux
N'est pas avec certitude établie* — oh laissez-le
Dériver; que son âme avec l'écume du barrage
Mousse encore, s'envole et vienne se tapir ici
Dans les fentes du plâtre et le grincement de la porte.

Alors comprendra-t-on pourquoi les jours se sont noyés
L'un après l'autre, jours divers, mais c'est toujours le
    même,
Hier, demain, jamais, qui réapparaît aujourd'hui
Et qui me voit rôder de la cuisine aux chambres vides
Locataire d'une mémoire où tout est démeublé,
Où jusque sous l'évier s'affaiblit l'odeur familière
Et, par les dimanches passés au rideau poussiéreux,
L'illusion que tout aurait pu de quelque autre manière
Conduire à d'autres seuils — mais la même ombre
    m'attendait.

Que reste-t-il dans les tiroirs : quelques cartes postales,
Deux tickets de bal, une bague et des photographies
Qui regardent au loin à travers de beiges fumées ;

Plus pâles chaque jour ces nuages du souvenir
M'enveloppent, j'y dors sans poids, sans rêve, enseveli
Avec ce cœur docile et ponctuel qui fut le mien
Peut-être, et qu'emporte à présent le rythme de l'horloge
Vers le matin du dernier jour qui va recommencer,
Déjà vécu, levant encore en vain sa transparence.

Si doux, ce glissement du train de banlieue à l'aurore
(Quand de l'autre côté du carreau tremblant de buée
Le ciel vert et doré grandit sur la campagne humide)
Que c'est lui qui m'éveille aussi le dimanche et me mène
Jusqu'à l'enclos où j'ai mes tomates et mes tulipes.
Autour, dans la fumée et l'odeur aigre des journaux,
Songeant à d'autres fleurs, au toit de la tonnelle qui
S'effondre, mes voisins obscurs et taciturnes vont,
Convoi d'ombres vers la clarté menteuse du matin.

À cette heure malgré tant de déboires, tant d'années,
Je me retrouve aussi crédule et tendre sous l'écorce
Que celui qui m'accompagna, ce double juvénile
Dont je ne sais s'il fut mon père ou mon enfant, ce mort
Que je ne comprends plus, avec sa pelle à sable, avec
Sa bicyclette neuve, et son brassard blanc, son orgueil
Tranquille de vivant qui de jour en jour s'atténue
Entre les pages de l'album pour ne nous laisser plus
Que le goût d'une réciproque et lugubre imposture.

Muets, dépossédés, nous nous éloignons côte à côte,
Et ce couple brisé c'est moi : le gamin larmoyant

Que n'ont pas rebuté les coups de l'autre qui s'arrache
À la douceur d'avoir été, quand le pas se détraque
Et que l'on est si peu dans le faible clignotement
De l'âge, sac de peau grise flottant sur la carcasse
Déjà raide et froide où s'acharne, hargneuse, infatigable,
L'avidité d'avoir encore un jour, encore une heure
Avant de quitter le bonheur débile de survivre.

Ne pouvoir m'empêcher de songer à ma mort (si fort
Parfois qu'en pleine rue on doit le voir à ma démarche)
Alors qu'elle sera la fin d'un autre dont la vie
N'aura été que long apprentissage de la mort :
Pourquoi cette épouvante et ce sentiment d'injustice ?
Qui te continuera, rêve d'emprunt d'où chacun sort
Comme il y vint, sans se douter que ce dût être si
Terrible de restituer cette âme qui faisait
Semblant de s'être accoutumée à nous ? Je me souviens :

Un beau soir d'été dans la rue, est-ce qu'il souriait ?
Voici qu'il tombe la face en avant sur le trottoir.
Autour de lui beaucoup de gens se rassemblent pour voir
Comment il va mourir, tout seul, attendant la voiture,
Se débattant pour la dernière fois avec son cœur
Et son âme soudain lointaine où subsiste un reflet
De l'improbable enfance, un arbre, un morceau de clôture,
Quelques soucis d'argent et peut-être un nom, un visage
Effacé mais qui fut l'unique et déchirant amour.

Et c'était moi qui m'en allais déjà ; ce sera lui
Qui mourra de nouveau quand viendra mon tour ; c'est toujours
Tout le monde qui meurt quand n'importe qui disparaît.
S'il me souvient d'un soir où j'ai cru vivre — ai-je vécu,
Ou qui rêve ici, qui dira si la fête a jamais
Battu son plein ? Faut-il chercher la vérité plus bas
Que les branches des marronniers qui balayaient le square
Sous les lampions éteints, parmi les chaises renversées,
Quand le bal achevé nous rendit vides à la nuit ?

Les fleurs que l'on coupa pour vos fronts endormis, jeunesses
Qui dansiez sans beaucoup de grâce au milieu de l'estrade
Au son rauque du haut-parleur, dans un nuage de
Jasmin, de mouches, de sueur, les yeux tout ronds devant
Les projecteurs cachés entre les frondaisons dolentes,
Les fleurs, las voyez comme en peu d'espace les fleurs ont
Glissé derrière la commode où leur pâle couronne
Sans musique tournoie avec les cochons du manège,
L'abat-jour en émail, les remous sombres du ponton.

Je ne revois que des cornets déchirés, des canettes
Dans l'herbe saccagée, et des guirlandes en lambeaux,
Et l'urne de la tombola brisée sous les tréteaux,
Et l'obscur espace du tir d'où plumes et bouquets
Ont chu dans la poussière. Et voici les objets perdus
Dans le tiroir que personne après moi n'ouvrira plus

Pour réclamer en vain cette lettre qui manque, mais
Pour rire d'un portrait de belle prise dans l'ovale
Et levant d'impuissantes mains jusqu'à son dur chignon.

Quel tenace et triste parfum d'oubli monte, s'attarde
Avec les cloches du matin qui rôdent sous les branches
Et la cadence de l'horloge au-dessus du réchaud.
Au loin dans le faubourg où finissent toutes les fêtes
Une dernière fois l'ivrogne embouche son clairon.
En bâillant, cheveux dénoués, la belle ôte ses bagues ;
Au fond de l'insomnie où m'enferme le bruit des mots,
Son épaule de miel est-ce le jour qui recommence,
Son silence l'espace où vont éclater les oiseaux ?

L'ŒIL CIRCULAIRE

Cette horreur que mordent les dents entrouvertes des morts,
Eux l'avalent ensuite et demeurent en paix, lavés,
Les mains jointes sur l'estomac, commençant la glissade
Inverse par le démontage actif de la chimie.
Et leurs yeux qu'il faut clore d'autorité, jamais soumis,
Lâchent encore un regard sale et sage qui récuse,
Ayant vu, retourné comme un vêtement la lumière,
Et désormais rivé dans l'œil circulaire qui nous surveille.

ORAISON DU MATIN

(Oh manque initial, et retrait dans l'élan comme d'une pelletée de cendres. Mais il y a lieu de se brosser les dents en fredonnant un air, et de nouer adroitement la cravate qui préserve de la solitude et de la mort.)

Jour, me voici comme un jardin ratissé qui s'élève
Tiré par les oiseaux. Fais que je prenne l'autobus
Avec calme ; que j'allonge un pas sobre sur les trottoirs ;
Que j'ourle dans mon coin ma juste part de couverture
Et réponde modestement aux questions qu'on me pose,
afin
De n'effrayer personne. (Et cet accent de la province
Extérieure, on peut en rire aussi, comme du paysan
Qui rôde à l'écart des maisons sous sa grosse casquette,
Berger du pâturage sombre : agneaux ni brebis
Ne viennent boire à la fontaine expectative ; il paît
La bête invisible du bois et le soleil lui-même
Au front bas dans sa cage de coudriers.)

Mais jour
D'ici tonnant comme un boulevard circulaire
Contre les volets aveuglés qui tremblent, permets-moi

106

De suivre en paix ta courbe jusqu'au soir, quand s'ouvre
   l'embrasure
Et qu'à travers le ciel fendu selon la mince oblique de son
   ombre
Le passant anonyme et qui donne l'échelle voit
Paraître l'autre ciel, chanter les colosses de roses
Et le chœur de la profondeur horizontale qui s'accroît
Devant les palais émergés, sous les ruisselants arbres.

BIENVEILLANCE

Ce qui de tout homme paraît dans la hauteur, je dois
Encore l'élever. Car sa misère est elle-même
Un des modes de l'apparence. Et la réalité
Veut qu'ici j'aie été jeté, sel de l'incertitude,
Sur la neige intacte du temps, ne sachant rien, n'ayant
Rien vu, et si vite oublieux qu'il faut tout réapprendre
À chaque instant.
               Ainsi par la vitre de l'autobus
Dont la fraîcheur suffit le soir à mes tempes, le ciel
Depuis longtemps perdu s'éclaire à nouveau dans les yeux
D'un enfant qui regarde.
                       Il est bon de pouvoir aussi
Faire don aux petits d'un simple bout de bois ou d'un
Caillou recueillis sur le bord indistinct du désordre
Où mes doigts gouvernés ne trouvent plus le libre fil
Qui gouverne. Et, comme un soleil invisible touchant
Le flanc d'un nuage, en retour m'effleure la lumière
De l'émerveillement ouvert entre leurs doigts qui prennent
Sans jamais l'assombrir la pure offrande, le Présent.

Cependant n'est-ce pas dans l'indistinct qu'ils vagabondent
Eux aussi, pareils aux petits de la louve ou du tigre
Qui savent tout de l'innocence ?
                        — À la fin nous voici
Nous, durement parachevés par l'amour et le crime
Comme deux miroirs opposés où s'effacent nos bornes
Dans l'espace illusoire d'un salut : rien ne répond
À l'emphase de nos paroles ; rien jamais ne suit
Nos gestes éperdus dans un désir de conséquences
Et rien, entre les dés hasardant l'un ou l'autre nombre,
Ne décide. Mais il y a
                comme une bienveillance
Dans les bras du sommeil qui ne sont les bras de personne,
Dans le ruissellement figé de la pierre, dans l'eau
Ancrée à sa pente, dans l'herbe infatigable, dans
Les mots sur nos lèvres parfois nés d'une autre semence,
Et la longueur du soir sous les arbres ;
                              comme un élan
De l'obscur vers le seuil en nous brisé de la lumière.

III

LETTRE À MARIE

Vous m'écrivez qu'on vient de supprimer le petit train
    d'intérêt local qui, les jours de marché, passait
    couvert de poudre et les roues fleuries de luzerne.
Devant le portail des casernes et des couvents.
Nous n'avions jamais vu la mer. Mais de simples champs
    d'herbe
Couraient à hauteur de nos yeux ouverts dans les
    jonquilles.
Et nos effrois c'étaient les têtes de cire du musée,
Le parc profond, les clairons des soldats,
Ou bien ce cheval mort pareil à un buisson de roses.
Des processions de folle avoine nous guidaient
Vers les petites gares aux vitres maintenant crevées,
Abandonnées sans rails à l'indécision de l'espace
Et à la justice du temps qui relègue et oublie
Tant de bonheurs désaffectés sous la ronce et la rouille.
Depuis, nous avons vu la mer surgir à la fenêtre des
    rapides
Et d'autres voix nous ont nommés, perdus en des jardins.
Mais votre verger a gardé dans l'eau de sa fontaine
Le passé transparent d'où vous nous souriez toujours

Les bras chargés d'enfants et de cerises.
Je pense aux jours d'été où vous n'osez ouvrir un livre
À cause de ce désarroi de cloches sur les toits.
N'oubliez pas.
Dites comme nos mains furent fragiles dans la vôtre —
Et qu'ont-ils fait de la vieille locomotive ?

TRAVERSÉE DE LA SEUDRE

À Georges Lambrichs.

Comment j'avance maintenant, c'est par une succession
 de mille petites morts de justesse évitées. Et, dans le
 même instant, je ne sais si pour la première fois
 j'ouvre les yeux, ou si pour toujours ils se ferment.
Chaque battement de mon cœur franchit le pont d'un
 fleuve absent : j'arrive, je m'éloigne,
Emportant le souci d'un infime détraquement par la
 formidable horlogerie.
Et pareil à l'offrande incessante d'une jeune fille
Le tremblement du temps sur la dalle de l'estuaire
S'élève un peu plus haut que la vase pure des berges
Où deux barques brisées comme les mots d'un aphorisme
Portent l'inclinaison de la coque vide du ciel.

APARTÉ

Mais le ciel, qui voudra l'ouvrir à l'ombre que je fus ;
Et l'innocence de l'oubli, qui vous la donnera, mémoire,
Songes que la douceur n'a pu désaltérer, et toi
Sanglant désir rôdeur sous ce crâne d'ours ?

PÂQUES

Quand venait le printemps,
Fin avril l'air entier dans le parc déambulant
Comme une grande jeune femme en bleu marine et blanc
Dont on pouvait toucher la joue au détour des allées,
On allait acheter des sandales à petits trous,
Aux semelles qui boiraient l'eau de la première ondée,
Et le marchand donnait une image-réclame, avec
D'un côté les soleils de la crème Éclipse, de l'autre
Quatre dessins dont les replis d'arbres et de nuages
Cachaient les oreilles du loup et la taille de la bergère.

Cependant quelque chose de terrible avait eu lieu :
Peut-être les statues d'extase et de supplice
Avaient-elles saigné sous les ténèbres de leurs sacs
Et l'espace crié avant d'être englouti par l'espace
Où tremblaient au matin de fausses maisons, des petits
    arbres.

Seigneur de la clameur houleuse des cloches, dédicataire
Des blancs bouquets d'autel et des mains des petites filles
Levant leur couronne d'étoffe et leur âme de violette ;
Dieu des accords fondamentaux quand l'être comme une perle
Brûlait entre les mains jointes sur leurs engelures
Et qu'à la porte de l'église en juin
La présence éclatante et sombre cherchait l'accès du cœur violent comme une torche —
Toujours ce ciel scellé sur la cour vide, et le murmure
Du robinet de cuivre au fond de la buanderie...

L'EMPAN

Mais quelle est la juste distance ?
Il y a celui qui ferme obstinément les yeux, cherchant
La mesure de l'âme comme d'un mur blanc, et l'autre
Qui entre en suffoquant dans les premiers plis de la mer.
Entre eux j'ai posé mon vélo contre un pin violet qui
     craque
Et je tiens l'horizon entier dans l'empan d'une main, sous
     la fumée
Oblique d'une cigarette. Mais qui tient
Dans son empan l'incessante mobilité d'insecte où se perd
     mon regard,
Et la courbe de mort où s'inscrit la route surgie
Des flots de la forêt vers les frondaisons de la mer ?
Vite j'ouvre les bras pour déborder ce qui m'enferme,
Debout dans l'enjambée du ciel. Mais que saisir
Et mesurer sinon, au flanc mobile de la dune,
L'empreinte de ce corps que le vent réensevelit ?

LA PROMENADE DU PENSIONNAIRE

Où commence en hiver l'or brisé de la forêt spirituelle,
De plusieurs l'angélique visage et les jambes sous le manteau,
Brusquement avec le profil du jour entre les arbres,
S'élevaient et longtemps brûlaient d'un feu presque divin.
Mais la seule évidence de glace autour était offerte
À la convoitise sans but du séparé.
       — D'habitude,
On jouait au foot à distance égale du ciel et des prairies,
Et j'aimais le ballon lourd de glaise comme un soleil,
Je l'embrassais fort contre ma joue et ma poitrine,
Tandis que le provocateur Amour se dérobait en bleu sombre
Et fuyait sous la cadence inexorable du latin.
Bien. Je m'abandonnais aussi comme en sanglotant, dois-je le dire,
Juste avant l'angélus dans la puanteur des latrines.

Eux pourtant levaient ces fronts d'anges qui fulguraient
Jusque dans les couloirs d'ombre du collège, et ses degrés
À six heures gravis d'un seul élan par l'astre oblique.

Mais sous l'or brisé paraissaient d'autres évidences,
Le présent d'une rose de gel entre mes doigts,
L'ouverture de tous sentiers pour l'approche inconnue, et l'élan
Vers la gloire de tous rameaux sans jugement ni commerce.
Et je m'élevais à mon tour avec la vapeur de mon souffle, toujours
Séparé par le sombre étonnement d'être ;
Et je traînais la jambe et brisais la visière de ma casquette ;
Et les arbres émerveillés scintillaient sans une ombre dans la lumière.

HÔTEL CONTINENTAL

La solitude a justement ce nom doux et froid qu'on prononce
Et qui ramasse un peu l'âme dans la clarté rompue.
Alors de l'abandon et du retranchement surgit une figure
Qui fait signe à son tour sous les feuilles du papier peint,
Dans le grincement de l'armoire et les marges du livre
Illisible pour le regard qui de loin nous traverse.
Mais sans nom prononçable est cette fosse qui sépare
En deux l'être et, de chaque battement du cœur,
Fait un choc de porte marquée après l'expulsion.
Me voici maintenant au bord de la dernière marche,
Là où le réconfort naît de la présence d'une chaise
Et de la cavité murmurante du lavabo;
Où la main de la solitude elle-même s'est dessaisie
Et me laisse comme le jour où sous la pluie, après votre départ,
J'ai vu dans un cercle du temps qui n'est pas mesurable
Battre, fer contre fer, la petite porte du square.

BRUGES

À Michèle R.

Je n'ai pas oublié non plus les petites maisons
De briques nettes, ni les jardinets à demi fous
Sur les canaux, ni la patience morte des femmes
Qui voudraient crier sous l'éclat du verre, des faïences
Et des meubles cirés jusqu'à l'usure de leur rêve
(Et le voici qui va tout seul dans l'épaisseur du chêne
Avec ces deux mains en avant qu'on ne reconnaît pas,
Ce corsage plus sombre où bat le cœur qui se dédouble),
Ni les ponceaux très bas, les pavés comme des genoux
Enfantins, le balancement de robe des allées
Sous le ciel énorme et trempé qui flotte, retenu
Par l'averse de soie et les attelages de cygnes.
Tant d'impasses où la mémoire ou le ciel de nouveau
Descend comme un regard lavé par les premières larmes,
Et l'herbe folle dénouée ainsi que des cheveux
S'écarte ô genoux bleus, linges que l'air soulève à peine
À l'appel étranglé dans la gorge contre le mur
Qui refait le compte avec soin de ses petites briques,

Les ressuie avec soin d'un peu de sang ou de salive,
Borne des cœurs cloués quand battent les ailes du rire
Le plus secret, l'écartelé, quand le temps marche d'or
Et d'ombre entre les ponts et se rue en silence au fond
Des chambres d'ombre et d'or et sans déchirer la
   dentelle.

FRAGMENT DES ÉTÉS

Rien par l'immense été clos que le tremblement
Des rails sous les coquelicots, et la poule qui râle
Au fond de la chaleur noircissante ; rien que
Ce duvet immobile et le nuage en exode, en fureur
Très lente sous la couvaison des préfectures, quand
Le destin surveillait les faubourgs par l'œil de la volaille
Augurale et figeait des trajectoires de céruse
Dans l'ocre à déchiffrer de la fiente par un enfant.
J'arrivais à la gare, je
Serrais frissonnant sous mon linge ce peu de glace
Et midi comme un poing d'aveugle sur les toits
Cherchait pour l'écraser ma tête transparente.
Mais loin sous les parois de l'œuf caniculaire
Je naissais de nouveau dans l'oubli, dans la pure fréquence
Que des ondes coupées des deux sources du temps,
Lambeaux d'une mémoire en détresse par tout l'espace,
Troublaient — et je voyais des morts, des femmes, des jardins
Me traverser tandis que vers le chœur du bleu marine
Entre les murs épiscopaux de Langres ou d'Autun

Je montais, et vers les jardins bouillant d'oiseaux et de
    racines
Enfouis dans la lumière ainsi que des yeux — et déjà
Sous les cils formidables de la chaleur n'était-ce pas
Les vôtres qui s'ouvraient en moi comme l'eau sous les
    cygnes ?

IV

RÉCITATIF

À M. H.

I

Écoutez-moi. N'ayez pas peur. Je dois
vous parler à travers quelque chose qui n'a pas de nom
    dans la langue que j'ai connue,
sinon justement *quelque chose,* sans étendue, sans pro-
    fondeur, et qui ne fait jamais obstacle (mais tout
    s'est affaibli).
Écoutez-moi. N'ayez pas peur. Essayez, si je crie,
de comprendre : celui qui parle
entend sa voix dans sa tête fermée ;
or comment je pourrais,
moi qu'on vient de jeter dans l'ouverture et qui suis
    décousu ?
Il reste, vous voyez, encore la possibilité d'un peu de
    comique, mais vraiment peu :
je voudrais que vous m'écoutiez — sans savoir si je parle.
Aucune certitude. Aucun contrôle. Il me semble que
    j'articule avec une véhémence grotesque et sans
    doute inutile — et bientôt la fatigue,

ou ce qu'il faut nommer ainsi pour que vous compreniez.
Mais si je parle (admettons que je parle),
m'entendez-vous ; et si vous m'entendez,
si cette voix déracinée entre chez vous avec un souffle
    sous la porte,
n'allez-vous pas être effrayée ?
C'est pourquoi je vous dis : n'ayez pas peur, écoutez-moi,
puisque déjà ce n'est presque plus moi qui parle, qui vous
    appelle
du fond d'une exténuation dont vous n'avez aucune idée,
et n'ayant pour vous que ces mots qui sont ma dernière
    enveloppe en train de se dissoudre.

Cependant c'est sans importance :
si je souffrais, si j'avais peur... Mais non. Je peux vous
    dire
qu'on a beaucoup exagéré le malheur d'être ici,
de l'autre côté du passage — lui pénible je vous assure,
et même juste après dans la honte de tant d'emphase,
quand c'est fini.
(Pourtant rien ne s'achève ;
on croit avoir tout l'oubli devant soi comme une promesse
    enfin tenue, et puis) —
je ne sais plus
ce que je vous disais. Ah oui,
si je souffrais, si j'avais peur, ou si je vous aimais
    encore,
alors vous pourriez redouter ces mots qui vous recher-
    chent,
qui rôdent jour et nuit.
Et je perçois autour de moi qui n'occupe plus aucun
    espace,

qui n'ai ni autour ni dedans, ni haut ni bas, comme une caisse
de planches démantelées avec ses clous tordus qui brillent,
je perçois en effet de grands claquements de bouches vides
peut-être redoutables. Peut-être. En tout cas moi c'est juste
un peu d'étonnement qui tient encore ensemble ce que je fus :
que tout n'ait pas cessé d'un coup me semble étrange,
et qu'une ombre du temps s'allonge à travers le passage
comme une eau faiblement insistante que boit du sable, ici.

Ou si je vous
aimais encore ; si
tant soit peu j'avais autrefois poussé dans la chaleur de votre corps quelques racines ; si
j'avais pu acquérir le savoir qu'enseigne la limite de l'autre
illimité soudain dans son amalgame de glandes ; si
j'avais fait mon creux dans la réalité organique de votre cœur
où le sang pompé noir jaillit avec l'allégresse du pourpre —
ainsi quelques instants roulé sous la rutilante fontaine,
il me resterait, je le crois, de votre humidité, de votre poids, de vos ténèbres,
assez pour flotter moins sans appui ni couleur dans le délabrement progressif de cette fumée.
Pourtant déjà quand j'approchais l'odorante auréole,

explorant sans bouger l'atmosphère de foudre errante et de givre subit
qui nimbe tout corps désiré, déjà
n'était-ce pas dans la lenteur irrespirable autour et loin que je me tenais en silence,
n'ayant pour vous toucher que des constellations de paroles,
des girations de mondes barricadés par la distance
et qui sur l'œuf en noir cristal massif où se résorbe leur désastre
ne sont plus que l'effleurement bref et musical d'une touffe de plumes ?

Mais en ce temps autour et loin veillait la solitude.
Alors entre vous et l'espace étouffant qui m'a pris dans sa glace,
par la rue en dérive à longueur de nuit sur les confins
le cœur enfin muet dans la profondeur insensible
ayant cessé d'attendre et de vouloir pouvait descendre
et s'enfoncer toujours plus loin de la chaleur du centre : quelqu'un
veillait fidèlement de distance en distance, une main
faisait signe peut-être à la fenêtre qui s'allume, s'éteint,
se rallume la même un peu plus loin comme cette ombre
au coin toujours prête à surgir qui se dérobe — ombre, passante, rien
contre la nuit et le silence
qu'un nom, sous le vôtre affaibli, pour éclairer et retentir
plus haut que le haut four à ciel à Bologne des basiliques
ou les toits du Hradschin couvrant les combles obscurcis
de la maison déserte où je vous poursuivais, l'Europe.

Et ce nom je pouvais l'épeler comme on insiste au téléphone quand personne ne répond plus
que le Séparé, l'Obscur, le Lourd, l'Inerte, le Tué, le Doux qui s'abandonne et se clôt froidement dans l'espace de la muette —
je disais solitude.
À présent plus d'autour puisque le centre a disparu,
plus de lointain pour l'étendue nouée en travers de ma gorge ;
et son petit cœur chaud, la solitude, il a claqué
sans qu'elle ait eu le temps d'éteindre la lampe et le poste ;
à présent je comprends qu'elle était morte — qu'elle est morte.

II

Écoutez-moi pourtant :
quelqu'un doucement en chemin vers le plus-personne dit
    je
laisse tomber laisse peser laisse flotter mourir
la pluie petite les montagnes les arbres les nuages ;
où ici là partout quelqu'un a marché attendu tirant
un fil invisible du vide en mouvement de sa présence ;
Il poussait des portes, il se
foutait dans l'entrée en jurant contre la même armoire
et pleurait dans son lit aux approches de quarante ans
pour des choses de Dieu, d'enfance ; avait
un membre une âme un cœur de vrai polochon dans vos
    bras
théoriques de sœur comme un hôtel où la mémoire
frappe de nuit ayant perdu presque tous ses bagages
aux détours du grand collecteur qui nous avait poussés de
    ventre en ventre
bien au chaud à l'abri durant des cycles de géologie —

et alors propulsés pourquoi vers ce confluent de gestes bloqués
d'adultère ou d'inceste, pourquoi
ce long cheminement par l'obscurité des matrices,
si c'était pour finir, au mur, sanglotant comme un con, laissant
les œufs glisser sur le carrelage de la cuisine,
par comprendre en voyant le ciel limer ses ongles sur les toits,
l'affreux soleil propager sa limite,
que la roue avait bien heurté la borne ultime du parcours
et n'avait plus qu'à valser dans le détraquement de la vitesse acquise ?

Il est possible
que je vous cherche encore sans désir,
comme si quelque formalité là-bas n'avait jamais été remplie ;
possible
que là-bas je vous aie cherchée comme dans un couloir
où l'on espère simplement l'autorisation de poursuivre
le voyage au-delà par ces complications d'aéroports et de valises,
et qu'ici vous,
ce que je nommais vous en grand tremblement de tout l'être,
soyez ce plus rien vaporeux à neuf mille mètres d'altitude
qui est le ciel inexprimé de tout désir. Je me disais :
que je meure, alors je serai la nourriture insubstantielle de ses lèvres,

quelque chose de moi qui peine entrera dans la courbe de
 son nez
et plus profond même peut-être ; je priais :
prenez-moi dans la lunaison du sang, dans les pensées
qui passent de biais par éclats sous un crâne de femme, et
 dans
le linge au besoin prenez-moi, que baigne la chaleur de
 gloire. Mais voilà
qu'ici je me contenterais d'une amitié de pierre
ou de la matérialité du vent qui chasse une lessive.
C'est triste. Et non plus pas
très triste. C'est.
Ou plutôt ça n'est guère.
Je voudrais me cogner à la fonte d'une chaudière et dire
 brûlez-moi,
m'égarer sous des murs de suie en ruines sans rien dire —
égarez-moi —
si l'on brûlait, si l'égareuse
pouvait enfin toucher mes poignets dressés dans la glace,
mes genoux déboîtés par l'inutilité de la vitesse
ou mes yeux devenus le dehors invisible de leurs pau-
 pières.
Et encore je me disais
que mort du moins glissant avec les caniveaux d'eau
 pure,
le granit des trottoirs, la lune aveugle sur les toits ;
que mort sombrant avec la pente interminable de la rue
où vous iriez à votre tour la nuit sans moi, perdue
entre les murs et les couloirs quand tout l'obscur remue
et remonte pour respirer timide à la surface —
au moindre signe réchappé de la profondeur décisive
(une porte qui bat, la lampe orange qui s'allume)

vous souririez songeant c'est lui comme autrefois qui m'appelle et qui m'accompagne.

J'ai disparu.
Non seulement de la surface où flotte et sombre vite comme un sourire,
mais de la profondeur de paix dans les pierres j'ai disparu.
Ainsi l'eau quand se brisent le fond et les parois,
le cœur, quand son noyau sous l'absence d'amour éclate,
où le vide partout fait pente et perte se précipite —
écoutez-moi
parler encore un peu le cœur répandu dans ce vide
qui gonfle comme un sac, se ferme comme un sac — au sac
les derniers débris de la voix, du cœur qu'on évacue.

III

On m'appelle.
On me tire.
Adieu.
N'écoutez plus.
Ma voix
comme un soir de vent radouci glisse vague mobile
et sans force de sable en travers de la route, sous la
canonnade liquide et l'herbe dans la bouche tremblante
    de la pluie,
et personne n'appelle
et rien ne tire où s'accomplit le dernier tour du fil de la
    bobine,
et le vent radouci
comme un soir en travers ma voix dans la bouche liquide
et sans force tremblant la canonnade de la pluie
appelle et tire,
et personne n'appelle
et rien ne tire

adieu
jetez
la bobine quand tout le fil
aura cassé net sous les dents de la fileuse qui défile
et retrame le fil dans la voilure pour le souffle
en tous sens propulsant la masse du navire sans
écume ni rivage et presque sans
sans souffle mâts brisés pleins du crépitement tu
des signaux en arrière à rien — la soufflerie. Adieu
n'écoutez plus.

On faisait autrefois des petites maisons pour que l'âme
des morts s'abrite en attendant la fin de la bobine,
des barques par l'extrémité du fil qui vibre encore
un peu vers la harpe du jour tirées
tirées entre les berges
les berges englouties
engloutis les roseaux et la face de l'estuaire
où flotte entre deux eaux comme au bout du film qui
    s'achève
un sourire pincé sur sa pauvre énigme.
                                   Je sais,
pour avoir si souvent dans les cabanes rituelles
attendu près de vous la pluie étroite sur la toile,
des moulins à prière autour suivant les derniers soubre-
    sauts du son optique,
je comprends maintenant que nous, vous et moi, nous des
    autres je m'en
doutais (mais pourquoi, mais comment,
en quelle fausse profondeur d'écran perlé d'étoiles)
n'aurons été là-bas que des doubles d'images déjà

exténuées de copie en copie et disant vous, disant moi
ou si peu n'est-ce pas
mêlant ces lèvres d'émulsion sur une transparence inerte
    incombustible,
mais assez bien mimant le désir la douleur par bon
    cadrage, bonne lumière,
pour être au moins saisis du vertige de leur présence
ou d'un frisson de liberté dans l'emportement méca-
    nique —
ainsi les personnages
des vieux films quelquefois protestent
comiquement *Je suis*
sans conséquence,
et ces gestes ces cris bloqués vingt-quatre fois par virtuelle
    seconde,
à jamais pris dans la répétition nulle font signe aussi
    comme les astres,
supplient
du fond de l'impossible mort le temps
réel et déployé soyeux en nuages de les reprendre,
eux qui dans les ténèbres de cette lumière extérieure
    s'agitent,
se figent de nouveau hors des cercles de cercles où
toujours de nouveau comme en boucle au ralenti, Dante
reçoit le reçoit le premier salut de Béatrice.

Disparu j'ai franchi.
Peu d'espace mais j'ai franchi
l'encerclement du révulsif
désir,
et la solitude à son tour je l'ai

franchie.
Ici
les images qui s'affaiblissent
cherchent l'œil sans foyer qui nous aura filmés dansant
sur la pente éternelle de la prairie avant
de nous projeter vous et moi dans l'épaisseur fictive.
Oh aidez-moi
à finir, aidez-moi,
que j'avance, que l'œil éclate et que je vous délivre
du temps lavé de moi comme une dalle où tremble encore
    votre image ;
que le ciel à portée de l'extrême impuissance de mes
    doigts
envahisse l'écran où vous demeurez prise — et paix,
paix comme avant que l'histoire n'ait commencé ;
crevaison, rebut du grand fond d'où sortirent nos souf-
    fles, nos visages ;
descente, déambulation dans la fin qui ne finit plus —
s'il vous plaît aidez-moi.
Attendez l'heure de la nuit
où l'œil juste avant l'aube un instant cligne et se renverse,
quand des pas, des voix, des ombres sans voix, sans pas,
    sans ombre glissent
par l'espace hors de l'espace enclos et déroulé —
alors n'ayez pas peur, écoutez-moi, glissez-vous, faites
    vite, mettez
simplement un peu d'air dans une boîte d'allumettes
et posez-la dans le courant
d'un ruisseau qui n'atteint la mer que noyé dans l'oubli,
dissous dans la force étrangère des fleuves,
et s'il vous plaît dites que c'est mon âme d'image qui vous
    aima

et qui morte s'égare entre les murs, contre l'œil fixe, toujours plus loin de vous, de moi, de tout pour vous rejoindre.

V

TRANSFERT

Maintenant je sors à nouveau d'une maison du temps.
Faire autrement je ne peux pas, non, il faut que je sorte.
À peine avait-il refermé tout doucement la porte
(Il y avait des fleurs, il y avait du feu pourtant)
Je l'ai vu qui me souriait derrière la fenêtre.
J'ai tiré les petits rideaux sensibles — rouge et blanc.
Dehors aussi des fleurs et du feu : neige et ciel. Peut-être
Que nous aurions pu vivre là quelques heures, le temps
Et moi, sans rien dire, pour mieux apprendre à nous
    connaître.
Mais il n'entre jamais. Il bâtit sans cesse en avant.
Je l'entends de l'autre côté des collines qui frappe,
Qui m'appelle, et je ne dois pas le laisser un instant,
Mais le suivre, le consoler d'étape en étape.
Et tantôt je ne touche rien dans les maisons du temps,
Ou juste un pli qui se reforme au milieu de la nappe,
Tantôt vous comprenez c'est plus fort que moi, je
    descends
Tout à grands coups de pied dans cette saloperie,
Et si quelqu'un se lève alors des décombres et crie
(Parfois on dirait une femme, et parfois un enfant)
Je m'en vais sans tourner la tête, car on m'attend.

La tourne

— après cela (je commence, je commence toujours, mais c'est aussi toujours une suite), après cela j'avais essayé de quitter ma vie. Elle s'était en réalité déjà séparée de moi, comme une maison rejette ses habitants à l'occasion d'un tremblement de terre. Bien sûr aucune maison ni cette vie ne m'avaient appartenu. Cependant je restais pris sous les décombres. Il y avait dans cet écrasement encore de la protection et de la chaleur. J'aurais dû me tenir tranquille. Des événements plus sourds se préparaient dehors. Insensiblement le temps s'était remis en marche dans sa poussière. Moi j'imaginais sans bouger un grand bond par-dessus ce désastre, ma disparition d'un seul coup sur les rails où fonce une seule étoile déchiquetée. Mais tout s'accomplit à son heure, on décide peu. De nouveau j'entrepris des petits voyages. Humbles, oui, et parfois de trois quatre kilomètres aux alentours (tous ces hérissons qui séchaient sur le bord de la route, transformés en galettes), puis d'autres plus considérables mais guère différents pour le fond, renouant prudemment avec mon vieil espoir de le trouver à l'arrivée, l'autre aussitôt reconnu et qui après un signe de connivence imperceptible (mais vu, compris), s'éloigne et je le suis jusque dans le couloir d'une sordide baraque à un étage où il faut faire vite : un pas lourd au plafond ébranle des planches, précipite du plâtre, mais j'ai le temps d'apercevoir un vitrail de sureaux qui flambe sur les gravats. Alors il chuchote : C'est vous ? — C'est moi. Et nous échangeons ces pronoms comme des passeports volés à l'ambassade, avec les vrais tampons et le bleu brumeux de l'avenir dans chaque page, intact. Puis : les dernières recommandations, les derniers vœux, l'accolade virile avant de nous perdre, chacun de son côté, dans la végétation déjà ténébreuse des rues. Jamais rien de ce genre évidemment ne se produisait. Je tombais trop tard ou trop tôt dans d'immenses villes abandonnées. En général trop tard, par l'omnibus dont les étapes à travers les banlieues divisaient à n'en plus finir la moitié de la moitié d'une distance obstruée par la nuit. Souvent, inexplicablement ou peut-être à titre d'épreuve, on restait bloqué sur un pont, juste entre la rambarde et le souffle plein d'arrachements d'étincelles violettes des convois de sens inverse qui cherchaient à nous culbuter, et je ne distinguais plus en bas qu'un remous pauvre aspirant le regard et l'espace avec l'eau du fleuve elle-même au fond du gouffre. Et j'avais peur, un peu. Mais ne possédant pas de montre j'étais patient, surtout quand au lieu de la lune tirée comme un boulet incandescent par un silo ou une cheminée, luisait comme pour soi, pour la pluie, l'écheveau des triages qui dans la plus compacte obscurité réfléchissent des bolides en proie sous l'horizon au silence dévastateur de leur vitesse. Très loin brillait l'angle d'un mur. Et contre, pour obéir à l'attraction du centre, dans un halo de ces becs de gaz les avenues encore indécises viraient en se prononçant pour l'équilibre, et rameutaient ce troupeau de l'étendue bâtie vers son foyer. Mais un centre, à vrai dire (ce que moi j'appelais centre depuis qu'on m'avait expulsé du mien), les villes en ont un rarement. Ou du moins elles le cachent, à la longue elles l'oublient, elles l'ont perdu ; et comment le découvrir sinon par hasard ou par chance ; et si ce que l'on trouve alors n'est pas un simulacre, on le devine à la trouble douceur de déconvenue où s'étouffe le pressentiment : c'est un simple fragment qu'il faudrait combiner à d'autres (ces pavés dans une arrière-cour, ces yeux qu'on a croisés et qui semblaient savoir, d'une science aussi ancienne et obtuse que celle des choses), pour obtenir enfin du désordre apparent qu'on a remué de rue en rue la figure occulte et logique dont les lignes innombrables se recoupent en un seul point. J'explorais des périphéries. Alerté puis déçu, puis appelé de nouveau comme si un cataclysme n'avait laissé debout que les ruines d'une volonté pareille à une phrase encore claire dans le mot-à-mot, mais qui faute d'un verbe rétroactif maîtrisant l'émiettement du sens demeure intraduisible, ainsi je comprenais tour à tour la courbe en surplomb d'un boulevard, du buis dans une impasse, la gaieté d'un sentier ; ailleurs un sous-sol sans maison rempli de cartons et de ferrailles, une façade sans immeuble, des moteurs au milieu d'un pré ; ensuite un gros pneu dans un saule, deux enfants devant une affiche aux lions désabusés et, de chaque côté d'une usine éventrant par désœuvrement ses carreaux au soleil puni, des maïs en papier jusqu'à de fulgurantes citernes. Et ensuite encore une rue, des maisons, plus de maisons, des jardins, plus de rue, plus personne, rien que du ciel comme moi partout présent et partout égaré ; du ciel guettant le ciel sous des buissons, dans la profondeur des fenêtres ; du ciel dévalant au bas d'une côte où vibrait le bord de l'horizon dans l'herbe comme un fil, puis sautant vers le ciel un instant fixe, vertical, avant de crouler avec la soudaineté d'une intuition nocturne ou d'une bête. J'étais porté. Mais la loi qui le dirigeait renversait aussi bien le mouvement de cette fuite en spirale, et à certains indices (non, je n'avais jamais faim, j'étais stimulé par la pluie), encore dans l'hésitation de la lumière qui gonfle sur les derniers chantiers, je savais qu'il me reconduisait vers l'intérieur, dans les quartiers que la fin du jour saisit d'une puissante hébétude. Là des palais, des musées, des pelouses, des banques, des ministères délimitaient l'aire bientôt déserte où je pensais que le centre en peine viendrait traîner peut-être avec la nuit. En tout cas je me reposais quand à force de marcher j'avais touché la pointe anesthésique de la fatigue, et m'abandonnais sur un banc à l'inertie tournoyante de la planète et des corps des millions de dormeurs autour de moi qui veillais dans la cataracte en suspens de tant de silence. Qu'est-ce que j'ai retenu ? Sans grande passion pour l'histoire, observateur médiocre (ou je m'éprends une à une de toutes les briques d'un mur, ces briques crues des temps qui tiennent juste au creux de la main avec le poids et l'or et la tiédeur d'un petit pain retournant par-delà des siècles à sa farine), seul et sombre comme illettré dans les accords fondamentaux des musiques que font les langues, mais j'écoutais ; confiant en d'absurdes systèmes établis sur les goûts des tabacs (car une odeur autant qu'un lieu pouvait me livrer le centre — et les poches alors bourrées de dix variétés de cigarettes, les moins chères, celles qui sous de naïfs emblèmes cosmopolites perpétuent la dérive de journées de chômage et de samedis de bals à tangos), je flottais avec ma fumée et n'en sortais que comme une fine antenne promenée par la ville elle-même, une lanterne qu'elle portait en rêve au travers de sa propre masse pour en sonder l'énigme et l'épaisseur. Quant au centre j'en parle, j'en parle, mais après coup. Je suivais une pente. Qu'elle m'ait aspiré jusqu'à lui, et je ne serais pas ici tranquillement à relever encore ses traces, puisqu'il accordait cela du moins, traces ou signes par l'antenne aussitôt en éclair vers le cerveau pour y cristalliser la distraction en vigilance. Oui, tout cela prompt, furtif, car si centre il y a, ce n'est rien que l'avalement d'une indifférence féroce. Il m'aurait englouti. Par exemple je me souviens d'une porte : elle battait au fond d'un couloir et j'ai vu beaucoup d'autres portes, mais c'était donc celle-là ; une autre fois, à Bologne, près d'une basilique en agglomérés de lune, un petit théâtre d'ombre et de linge improvisait pour un buste d'Hermès aux yeux rongés, et c'était ce drame. Puis quand le soleil poussait du front sur les potagers aujourd'hui défoncés en haut de Belleville ; quand cette galerie qui obliquait encore à Prague entre des magasins se transformait en église et, pour finir, en square où des couples muets déambulaient dans la chaleur, sous la lueur des globes exténuée d'avoir franchi les poussières du songe : c'était là, je ne bougerais plus, bien que ce ne fût ni le but ni l'étape, mais cette déception en somme réconfortante d'avoir pour un moment trouvé l'enclos dont j'aurais pu, après tant d'heures usées contre du vent, contre des pierres, devenir pierre et vent à mon tour le génie sans identité qui sous un ciel de glace, les rayons déclinants, allume entre l'inerte et les yeux obscurcis une étincelle. Alors on connaît sans savoir. On connaît que des êtres passent, et que des événements s'infiltrent. Alors j'ai pénétré des cœurs, entendu le déclic prémonitoire dans le retrait d'existences vouées à la désolation ou à la sauvagerie. Et de quel droit ? Celui qui peut connaître ainsi, malgré soi qui fracture, l'équité voudrait qu'il assiste ensuite : or lui s'en va. Je repartais, en effet, attiré de nouveau dans les faubourgs par cette lampe qui de relais en relais au sommet des immeubles révèle et dérobe à la fois l'éclat du centre inaccessible. Et toujours cependant, à voix basse imitant la mienne, quelqu'un me demandait d'attendre encore, encore un peu, mais il fallait que je m'en aille, amalgamant sans m'en douter quelque chose de ma substance à ces blocs d'inconnu. Ensemble nous avons produit de l'angoisse et du danger, des lambeaux d'illusion qui puisent à mes dépens dans leur détresse de n'exister qu'à peine une sorte d'énergie. Car en contrepartie la mienne s'amoindrissait. Et maintenant, comme moi j'avais erré à la recherche du centre, obsédées par l'oubli des mots qu'elles avaient voulu me dire, que j'avais refusés (et qui étaient le passeport, peut-être, la formule de l'échange avec l'autre et notre délivrance), ces empreintes à moitié vivantes de mon passage s'étaient mises à rôder. Comment faire pour les aider, et qu'elles me pardonnent ? Souvent elles apparaissent, consternées au grand jour, sans arrêt, comme à coups de pelle, qui vient les déterrer, mais pour ne pas gêner, pour se donner l'air hypocrite de tout le monde, elles vont manger une gaufre près de la consigne aux bagages, s'attarder sans motif dans les bazars où elles achètent n'importe quoi d'inutile pour elles comme une lime à ongles et des savons, des savons. Elles ont honte, je sais, mais c'est ma honte qu'elles endurent, et la honte ou déjà la peur m'empêchaient de les rejoindre quand j'étais sûr qu'elles m'avaient fait signe à cette façon de brandir là-bas la manche d'un manteau vide, au rideau qui bougeait derrière la vitre d'un de ces vieux bistros confits dans les relents de la soupe et du pétrole. Je me méfiais. J'aimais mieux écrire des lettres et même les expédier, scrupuleusement affranchies quoique sans adresse. Tant bien que mal essayant de me justifier. Mais ces explications me jetaient du haut en bas des pages comme dans des rues, et le virage automatique au bout de la ligne m'abattait avec des pans de phrase entiers dans le brouillard. À cela aussi je renonçai. Puis il y eut une série d'incidents que je ne dois pas rapporter. Je n'osais plus sortir ni décrocher le téléphone. Enfin, rassemblant mon courage avec ces objets modérés qui nous soutiennent quand nous lâche le reste — un seul livre, la casquette, la brosse à dents — une fois de plus je résolus de partir. Où j'irais, peu importe. Mais là-bas tout recommencerait peut-être, et déjà tout recommençait. Un train aux horaires fumeux montait vers la frontière, dans cette zone où les haltes en fin de journée se multiplient. La nuit aussi montait. Sous les entablements obscurs, des rayons d'intelligence et d'amour touchaient le front des bêtes rencontrées. À chaque arrêt on voyait sourdre la lueur basse et puissante qui dort au fond des murs. Les regards en étaient protégés par des visières, et les paupières des enfants qui ne cessaient de fumer sur les déblais restaient baissées. Une averse, toujours devant, brassait dans l'odeur des lilas celle de la fumée et d'essences plus rares dont la vigueur, avec le cristal des appels, signifiait l'extrême altitude. La gare où l'on s'attardait à présent était exactement semblable aux précédentes, peut-être plus foncée. Mais on avait monté encore, et rien n'était changé dans l'intensité de camouflage de la lumière. Seule la pluie avait dû basculer vers des ravins ; un souffle par contrecoup achevait de s'épuiser en gros tremblements de portes. Quelqu'un fit observer que les orages ne passaient jamais la frontière. D'autres phrases prononcées comme en rêvant flottèrent dans le wagon — puis de nouveau le silence appuyé sur la vibration décroissante des vitres, les craquements des ressorts. Des sommets élevaient sur nous leur braise interminable. Brusquement j'empoignai mon sac pour descendre, comme sans réfléchir. Le billet servirait plus tard, si je continuais ce voyage. Personne, d'ailleurs, ne me le réclama. Les employés s'étaient tassés près du fourgon de tête, devant l'interruption du quai parmi des herbes dont luisaient les tiges encore sensibles sous le vent. Ils formaient un groupe bien dense, bien noir, où de seconde en seconde un geste, qui semblait le dernier, éclatait saisissant comme le poing plongé dans une eau trop limpide. Je les regardai longtemps. C'était une émeute immobile. J'allais comprendre quand la nuit tomba d'un seul coup. Il y avait un hôtel en face de la gare, juste au coin d'une rue qui allait se perdre vers des sapins. Du portier somnolent sur les pages de son registre, la voix ne me parvint qu'après avoir tâtonné dans les chambres, cherchant celle où j'irais dormir. Mais j'avais le temps, tout le temps désormais plus lourd et plus stable que la montagne. Alors j'ai raccroché la clé numéro 9 sur le tableau. J'escaladais maintenant cette rue qui décourage vite les maisons : au niveau des toits ce n'est plus qu'un sentier, après un coude abrupt précipitant le village. La montagne allait devant moi, claire comme une pensée qui se sait condamnée et qui résiste. Au bord d'un ressaut étroit je me suis adossé contre sa masse et, tout en bas, dans le train qui prenait la courbe vers la frontière, à trois reprises j'ai vu le compartiment que j'avais laissé vide s'éteindre, se rallumer. J'ai dit doucement : bon voyage. Trois fois aussi le calme absolu de l'hôtel cette nuit m'a réveillé. Je sens le poids de la montagne. La lumière profonde a disparu. Mais, sur la place, luit encore tout ce qui peut luire avec modestie et confiance : une étoile, l'anse d'un seau. Je recommence.

Mais commencer n'est pas attendre ;
ni travailler, imaginer, espérer ou détruire ne font
l'attente, non, pas même attendre car
sans profondeur est l'eau de la dépossession, mais froide,
et où manque la profondeur il y a toujours encore une
    marche à descendre
et à quoi bon ?
Si l'on pouvait au moins dormir, passer le pont, ronger la
    ficelle.
Mais le matin est une chaise,
le soir est une chaise,
et la nuit rien que le fantôme assis d'une rivière
qui tricote croyant haler ses anciens tourbillons,
bougonnant merde où sont-
ils enfin quoi je ne suis pas folle ?
Pauvre chanson, pauvres paroles ;
attendre est ce qui décramponne et veut qu'on n'avance
    plus,
qu'on repose dans le souci de ne plus pouvoir rester
    tranquille :
petits travaux, petit ménage, tu sais,

dès l'instant qu'on l'a vue on n'en finit plus avec la poussière,
sitôt qu'on range un peu c'est l'installation du désordre,
et tandis qu'on balaye,
l'autre en bas dans la cour qui hurle sans arrêt : Charlatan,
croquemort de corbillards de strophes mélancoliques,
mets-toi donc tes jolis plumeaux d'âme au derrière,
fais-nous rire ! —
je l'entends, je l'entends,
j'entretiens un nuage énorme pour disparaître
et l'aspirateur commence à ronfler sous la porte.

Aussi j'entends sur le réchaud la berceuse du lait qui
    tourne.
Bon lait chaud d'autrefois je ne supporte plus, qu'il caille
Et crève sur le gaz étroit. Dors. Dors, laisse-le dire.
Inutile à présent de pleurer dans le téléphone,
Il n'en sortirait qu'un peu de fumée. Éteins et bois
Et va dormir dans la douceur de neige des limites,
Petite et toujours plus petite, et le jour diminue.
Entre les quatre murs aussi blancs que des ravisseurs
Qui n'espèrent plus, qui s'endorment,
Comme l'unique enfant de l'erreur et de l'amertume
La séparation est restée, elle oublie, elle joue
Avec une épingle, avec rien contre le plancher nu.
Et toi tu redescends la rue en cassant une plainte,
Et moi je la remonte en cherchant comment, pourquoi
    tu —
Si nous nous rencontrons qu'un vent sans pitié nous
    assomme.

Sous la lune qui grince à l'extrémité de sa tringle
Et les hautes fractures du ciel aux lueurs d'anthracite
J'erre ici murmurant en syllabes de plumes les éléates,
Agitant les clés de la fastidieuse ontologie.
Et ce n'est pas qu'ici la vie soit franchement pénible :
On en rajoute en général un peu sur les tourments.
Mais bien sûr ça n'est plus tout à fait la même chose.
Baguenaudant de la bibliothèque au frigidaire
L'âme est ici profondément dépaysée.
Personne à qui parler, presque plus de mémoire, et trop
D'étendue alentour, dedans, sans chevaux ni tempêtes.
Parfois encore un coup
Le vent spirituel souffle du fond des steppes :
Un seul brin d'herbe bouge entre Malakoff et Saint-
     Cloud.
Rien de terrible encore un coup,
Et jamais nous ne descendrons une dernière marche.
(Qu'importe, oui, qu'importe. Mais
Le petit pois est tombé du grelot.
Ce manque obsède. Et tout
Oh tout devrait nous arriver ici comme on s'endort.)

Car où trouver autant d'urgence que dans vos yeux,
L'injonction brutale, hein, qui coupe le souffle,
Et l'idiot soulevé bondit comme une pétrolette,
Criant *À moi l'espace* — espace et congé de vos yeux.
Et alors oui, oui comme un arbre se déracine
Et risque un premier pas dans l'obscurité qui s'écarte.
Maintenant qui pourrait l'abattre, mais : qui lui rendra
Tout son poids et la nourriture de l'épaisseur ?
(Vraiment les nuages que vous voyez furent des arbres.
    Leur éclat
Traverse l'éclat de vos yeux spacieux qui les suivent
Avec calme, calme dans l'altitude et la froideur.)

Beau jour de feutre vers cinq heures à l'église
Tel un oiseau dont les ailes ne bougent plus.
Des boules de cristal et de plume se brisent
Entre les toits en vieux découpages. Ce fut
Dimanche au fond de l'eau, dans l'image du livre,
Le ciel battant des cils derrière notre dos
Sous le front des géants nuages, les solives
D'air très lent balancé sur la rondeur jupe au
Corsage soie et laine un peu détricotée
Avec des doigts menus qui passent par les trous
Et cherchent la fraîcheur d'une neige cachée
Au fond des coussins noirs l'été sous les genoux,
Sous l'éclair des genoux quand le fil se détire —
Et tes dents que je touche ont donc coupé le temps
(Dimanche autour son cœur immense qui respire
Nous garde et la pomme d'enfance entre tes dents
Brille).

Quand recommençait à briller le tilleul devenu si sombre,
    c'était la nuit
Et sous l'arbre non plus comme une bouche horrible
    (cette plainte
De bois sourd et d'oiseaux cherchant encore un morceau
    de lumière)
Mais la face d'argent d'un dieu tranquille qui protège,
À la proue ardente viraient l'étrave, les massifs,
Les hauts flancs constellés pour nos souffles : c'était la
    nuit ;
La voix d'habitude si lente criait que l'heure était venue
Et vite qu'il fallait ranger si l'orage — l'orage
Dont luisaient presque tendrement les cornes dans
    l'impossible
Avenir appuyé déjà contre le mur encore chaud.

À Jean-Paul Homand.

On passait l'été loin de la ville, dans les jardins.
Entre les branches,
La montagne et le ciel étaient presque du même bleu.
Pas un nuage.
Mais l'orage invisible roulait jusqu'à la plaine
Et quelquefois
Se mêlait au grondement des canons sur la frontière.
De forts chevaux
Qui brillaient en sueur dans un tourbillon de sable
Jetaient le père
Sombre parmi le silence des jeux et des oiseaux.
Ô jours sans fond,
Du soir où j'ai su que la clôture s'était brisée ;
Mots impossibles,
Quand de si faible poids encore je serrais l'arbre,
Le dolman noir.

Or voici comment vint la guerre : à la corne du bois,
Depuis l'aube les cavaliers tenaient bas leurs lances dans
    la fougère
Et, peu après midi, les jeunes filles bleues et blanches
Voulurent descendre au jardin. L'été comme une robe
Allait sans un souffle sur les collines
Et la cousine la plus jeune eut encore un peu soif. Mais le
    globe
D'épais cristal entre ses doigts brisé soudain,
Le temps qu'elle vînt jusqu'aux marches, levant
Dans la chaleur sa main ensanglantée, un léger cliquetis
Se fit dans la fougère. Et voulut-elle dire oh je me suis
Coupée — aucun son ne sortit de sa bouche entrouverte,
Et les cavaliers virent que le lieutenant était mort.

Des fenêtres de l'hôpital on avait une vue
À vrai dire ma foi vraiment belle sur ces collines
Où des ifs et cyprès s'éparpillaient rythmiquement
Près du riant petit enclos de verdure et de marbre
Halte pour le soleil et peut-être vers le printemps
Deux ou trois promeneurs déjà dans la force de l'âge
Venant y méditer avec calme peut-être (non
Sur l'aboutissement hélas fatal de toute vie
Mais — des siècles ayant usé les dalles, consolant
Jusqu'à la douleur de garder un nom creux dans la pierre —
À la fin sur la mort de la mort elle-même et la
Douceur de bouger à jamais le pouce entre deux pages).
                                            Cependant
J'écoutais mon père à nouveau recommencer les comptes
                    — emprunts, remboursements —
Lui quarante ans plus tôt qui d'une boîte d'allumettes
M'avait fait ce bateau resté dans les profonds courants,
Et si le croiseur noir venait aveugler la fenêtre
Y aurait-il me disais-je un espace le long des flancs
Pour cette barque afin qu'elle échappe vers l'étincelle
Qu'en me penchant un peu sur la gauche (n'écoutant plus
Mon père) je voyais dans l'œil obscurci de la baie ?

Et je revois Janine au bout de cette barque étroite
Et laissant comme dans un film sa main filer sur l'eau
Son profil se pencher quand les fleuves pouvaient descendre
Et l'automne venir aussi ma liquide saison
Puisque les jours ne relisaient encore aucune trace
Et peu d'histoire dans le ciel d'été, retentissant
D'oiseaux et de bombardiers lourds souvent comme des brèmes,
Où mourir n'aurait eu de sens que pour d'autres, ce mot
Parmi d'autres parmi des fleurs et l'éclair des groseilles.
Et ma rame troublait à peine l'éternel le blanc
Non plus le blanc absolument de lis de sa culotte
Et dè son cœur en sorte que tout seul la nuit venant
J'aimais l'absolu contre un mur entre l'œil froid de l'Ourse
Et la sourde consolation de l'eau nous emportant.

L'éclair mauve passait dans les lobes énormes du gris
Et des bêtes broutaient sans bruit derrière l'églantine.
Trop blanc le blanc des fleurs dans le creux du jour
    assombri,
Noire noire la pluie en courant qui montait la colline.

La faute, ce fut de n'avoir pas su, tout de suite, reconnaître le puits quand s'ouvraient le porche très bas à l'ouest, et la voûte de plomb sur la rivière avec son brasier froid ; quand gloussaient des sarcelles et courait avouant sa douceur sanglante sous les taillis cette phrase à contre-jour qui ne veut pas être déchiffrée. Je dis l'heure d'après le soir qui, lui, s'en va d'un pas rapide et sûr, son ouvrage accompli entre les collines et la face heureuse de nos maisons. L'heure longtemps en arrêt comme une bête furtive mais très puissante au bord de l'eau masquée qui la regarde. Celui qui se détourne alors des lampes jaunes et bleues des hommes, où fut son cœur s'étend la puissance inarticulée, où furent ses yeux l'évidence aveugle se masse. Tremblant de toute la joie obscure autour d'être l'obscur qui chante, il chante, il est perdu.

Oui, beaucoup de désordre encore dans la tête, et dans ce cœur
De trouble difficile à comprendre. Quand le souci
De lui-même à la longue s'efface, il reste
Le tourment de cet abandon comme des oiseaux crient :
Dans l'espace où les rassemblait un arbre, tout à coup,
Au ciel mince et tranchant d'en bas comme une lame
Le fil qui retenait le poids du destin s'est rompu.
Trop d'amour ressemble au sursaut d'une porte qui claque,
Et toujours de l'autre côté de la porte je parle
Contre ce pan de mur que le soleil laisse ébloui,
Ne sachant si l'éclat indifférent l'écrase ou le consacre
Et sans profondeur que poussière, ombre, meubles détruits ;
À peine une surface, un miroir puisque rien ne saurait paraître,
Aucun souffle brouiller l'image qu'il n'attend plus,
Et sur toute parole enfin (le désordre, le drame)
Posé comme l'oubli.

Je regarde et je ne vois pas dans quel sens va le fleuve :
Trop de lueurs ou des ombres d'oiseaux pour me tromper
Entre les joncs où l'on entend des bêtes qui s'abreuvent
Aux flots épais comme du sang dont leur poil est trempé
Elles rôdent le long des berges pour les défendre
Et je reste à distance avec des pierres dans les mains.
De l'autre côté de ce fleuve où je ne peux descendre
Un autre voyageur suit le même chemin.
J'ai perdu tout espoir d'une barque pour le rejoindre
Et nos gestes des bras par-dessus la gueule des chiens
S'espacent.

Ce jeune homme — pourquoi ? — marche avec des béquilles
Et le père qui l'accompagne est vêtu de bleu sombre.
Autour d'eux saute et court une petite fille.
La lumière d'hiver ne projette aucune ombre :
Derrière les hautes maisons elle fait un brasier
De baguettes d'or froid et fin qui diminue
Mais son rayonnement croît encore sur l'étendue
Et couronne les fronts d'impalpables lauriers.
D'autres gens maintenant s'avancent dans la paille
Bruissante de l'air qui cache de grands trous
Et de faibles éclats d'armes pour des batailles
Qui ont lieu sans un bruit, qui ont lieu mais on ne sait où.

Il y avait sans doute un remblai sur la droite :
La rue en contrebas, des lanternes de fer,
Un désarroi de rails sur les maisons étroites
Et le ciel plus immense et bousculé que si la mer
Battait dessous — la mer, l'égarement, l'angoisse
Quand le jour est définitif à quatre heures l'hiver
Et range doucement tout l'espace dans une boîte
Où l'on n'aura plus peur du ciel ni de la mer
Cassés comme les toits entre les distances qui boitent
Par les remblais et les couloirs et les rues de travers ;
Où l'éclat sombre alors du sang dans la clarté si froide,
Sur la face des gens sortis en grand silence avec
De vrais gestes de fous qui voudraient encore se battre,
Perce (et l'instant d'après la nuit tombe, tout est couvert).

Or humble (connaissant qu'elle était la dernière)
Une lueur enfin libre de tout destin
Descendait les pentes d'ardoise vers les jardins
Et je me souvenais des soirs où la lumière
D'un bond s'arrache encore à l'abîme et l'on voit
Brûler contre l'angle d'un mur, au fond d'une fenêtre,
Les outils qu'elle pose avant de disparaître
Derrière les wagons de longs sombres convois
Où s'engouffrent bientôt ces foules sans parole
D'êtres indécis mais perdus et qui cachent leurs yeux
Sous des châles vraiment pénibles, sous de vieux
Chapeaux, tandis qu'un remuement d'eaux et de casseroles
Ronge au bas des talus la faible espérance des cieux.
Mais ce fut cette fois une lumière différente
Au visage enfoncé dans un renoncement profond
Et par l'obscurité devenue éclairante
Sans faste ni déclin dissipant ses rayons.
Et tout devant mes mains en repos sur la table
Comme les mains d'un autre encore dont j'entends
La montre — tout glissait avec un calme redoutable
Vers la clarté d'un jour sans ombre et délivré du temps.

Lourds et profonds tiroirs dans la quincaillerie.
Ce n'est plus du soleil qui brille sur les maisons
Mais le pur vert théologal de la saison
Et l'espérance au bout d'une rue appauvrie.
Lourds et profonds tiroirs remplis de clous et de savons,
Et dehors cet espacement céleste entre deux têtes
Immobiles d'enfants : elles ne bougeront
Plus jamais sous les fers balancés qui reflètent
Comme ces rails où déjà glissent les wagons
Vers l'espoir si l'espoir quelquefois se répète
Lourd et profond.

S'en vont-ils un jour de suie et de grues
Et de wassingues sur les toits tordues,
La femme sort et voit jusqu'au tournant
Du café bas (la réclame de bière
Clignote de nouveau sous la poussière
Et semble — semble — dire : Maintenant),
Voit l'espace qui pèse entre les rues
Bouger où des figures disparues
Ont pris peut-être à gauche, abandonnant
Ces lueurs qui chavirent dans l'ornière —
Un coup de vent emporte la dernière
Et ce journal déplié. Cependant
Eux déjà loin passent les étendues,
Gares et ponts de fer, voix entendues
Comme à travers les épaisseurs du temps
Où va recommencer la vie entière :
Pas un signe d'adieu par la portière,
Un mot laissé sur la table en sortant.

À Jean-Loup Trassard.

Dévalant de l'ouest à l'écart par ces travées d'or et de bitume, on tombe juste avec la nuit sur une petite ville. La grêle a saccagé les fleurs. Fraîche odeur du massacre et du goudron qui fume encore dans les faubourgs aux rangs de pois fragiles, de cabanes de tôle virant au noir. Un train corne à travers l'éboulement de vapeurs et de gros arbres, sous les collines. Puis toujours la dernière usine éteinte dans ses plâtras. Aussitôt après d'un seul coup les maisons s'épaulent fortement le long d'un boulevard qui tourne, tirant tout le poids des volets et des murs, et cette autre épaisseur où des lampes font vibrer le cristal englouti des pendules. Même pour ceux qui ne dorment plus, qui rencontrent la nuit dans des miroirs leurs yeux inutilement sublimes, le temps n'existe pas. Vite un cri, un bouquet renversé, des étoffes que l'on déchire replongent dans cette paix que ne troublent pas les massifs brassés contre les vitres. Car le vent d'orage de place en place n'a pas lâché, il se retourne, et comme la torsion d'un poing sur des cheveux dressés au fond des chambres, se ressaisit d'un platane aussi pâle que l'astre le plus lointain : entre les toits qui resplendissent une étoile se décide, révélant la trouée des haies jointes par le brouillard. À chaque bifurcation vers des fermes brutalement coites, montent plus sombres des croix qui inspirent aux rôdeurs l'épouvante ou l'insulte. Ils craignent aussi les chiens, l'éclair, le repos prolongé près des étangs à l'aube comme des dalles pour ces mille fumées d'âmes processionnant. Alors il faut partir, obéir au bâton qui communique avec le sol et renvoie au cœur pétrifié son énergie. Qui marche maintenant ? C'est le corps du pays dans ses halètements ronds, ses creux abrupts, le regard en veilleuse au bout des bois pour sonder l'étendue. Mais les noms des villages sur les bornes sont effacés, et les remous au ciel des bêtes qu'on ne voit pas s'arracher d'un bord à l'autre dans la fougère. Ainsi longtemps on peut aller, à moins qu'au milieu de la nuit la pluie au fil interminable, assise là pour coudre ensemble toutes les feuilles, les routes, les ruisseaux, n'ait confondu les formes en un seul tremblement usé de tapisserie dont on ne sortira plus. Grande lessive alors dans les fossés et les vieux lits, rincés, vidés jusqu'à demain d'espoir jusqu'à la dernière goutte.

Le branle incessant des hivers aux loquets des cabanes
En bois et peaux disloque aussi des races. La couleur
Anormalement pâle des yeux dans les villages
Étonne en été ceux qui s'approchent des femmes
Et du souffle des puits, demandant qui regarde,
Les appelle à travers l'insistance et l'usure du bleu —
Mais si fort qu'ils vont succomber encore dans la paille
Et répondre en criant à l'espace qui n'a rien dit.

Tisser au long du jour avec les voix indistinctes. Aussi
Des pots tintent par le village emmitouflé de chèvres
Et parfois un coup plus profond du côté de la mer
Suspend la main fidèle au bord de l'espace : quelqu'un
S'approche, passe et tranche entre les fils du canevas
Mais l'enjambée et la dévastation restent dans l'invisible.
Obscurément pareille à la montagne sur la mer, n'écoute
Qu'un instant le choc de ces pas sans traces ni sandales
Sous les bruits du jour alignés en bas comme des barques,
En bas contre ce mur qui brille à hauteur de tes cils.

À Michel Chaillou.

La constellation du Bélier couvre toute la plaine.
Son front plat, ses cornes de roc heurtent la poterne
Et font sauter à l'horizon des clous sur les dos ramassés
Des coteaux et des toits d'églises qui s'arc-boutent.
Entre deux tremblements des pattes
On voit se rétablir au fond de l'oreille spirale
La giration des astres lourds, des saints décapités.
C'est la roue, c'est la nuit. La fraîcheur
Court la cime de laine sur les forêts. Dessous,
Le vent pousse des doigts dans les chemins blancs en
 étoile,
Effleurant des troncs éblouis,
La perle en équilibre au bout des museaux qui hésitent.
Alors la maladie au creux de l'étang
Prononce avec douceur de très petites bulles
Et comme un bâton plongé droit, le regard
Du veilleur se brise en touchant la surface.

Je montais le chemin quand j'ai vu d'un côté
Les sapins consternés qui descendent après l'office
Et de l'autre les oliviers en conversation grande
Fumant posément au soleil de toutes leurs racines.
Et droit sur les ravins à moitié remplis de bouteilles,
Os, ferraille, plastique, obscénité des morts,
La rose équitable du jour déjà crevait l'épine.
À chaque pas : le centre, et le cercle du temps autour
Bien rond mais moi j'étais autour aussi pour cette pie
Et pour d'autres chemins qu'il aurait fallu prendre, qui plongent
Vers des creux à l'affût, sous la viorne, de la folie.
C'est alors qu'il fait bon marcher avec du tabac dans la poche
Pour plus tard et chouter dans ces os et tôles sur les labours
Tandis que le soleil rame bas pour laisser tout le champ libre à sa lumière.

À gauche la rivière encore plus abstraite
Où pêchent des enfants dont les yeux réfléchis
M'intimident. Je continue à bicyclette
Vers le nord et le paysage s'élargit
Un peu trop : j'espérais des collines secrètes,
Des villages muets fourrés dans les replis,
Mais c'est toujours la plaine ; au loin, de basses crêtes
Filent sous des poteaux. L'espace désempli
Dans son immensité s'égare, s'inquiète
Puis s'apaise en un ciel qui étale du gris.
Maïs et betterave. On ne voit pas de bêtes,
Aucun oiseau dans l'air, on n'entend pas un cri,
Et le temps même embarrassé de sa conquête
Somnole sans bouger derrière les taillis ;
Mais sous l'arche d'un pont midi hâve me guette
Et j'entre dans son œil au diaphane iris.
Un talus croule ensuite avec des maisonnettes,
Des lessives en majesté sur les radis.
Les gens disent bonjour, d'autres baissent la tête
Qui fourgonnent sournois au fond des appentis.
Le chemin juste après subitement s'arrête

Contre un massif de ronce et de mauvais esprits :
J'y laisserais mes pneus, mon âme et ma casquette,
Il faut donc repasser devant ces gens surpris
(Malgré moi mon allure a cessé d'être honnête,
La lumière s'accroît de soupçons infinis
Et l'horizon du poids livide des tempêtes).

Un jour où dans le jour quelque chose de jaune traînasse
(Et haillonneux, jaune et vrai, par à-coups arpente le
    jour,
En nage, à grands pas furibonds sur les carrosseries,
Humant bas dans le gaz encore une bonne fumée
En bois, et haillonneux, bon, de plus en plus jaune, et
    vrai,
Furibond, bas, vite à travers la boue et des fourrés
De vent quand on passe le pont comme vers des prairies,
Possesseur d'âme et de vermine sourdes, j'oubliais
Sourd, sourd et bas, et vite, et gris dans l'assise de l'être
Qui bute, qui s'éploie, haillonneux, sourd et bon, colère
Et vrai, jaune mais gris — foncé — houleux avec
    secousses,
Hoquets, arrachements, loques dans sa lessive), à moi
L'enjambée et l'irruption loin au-dessus des toits
En plein dans le pays sans toits ni bornes qui se déplie.

Nous sommes trop à l'est et le soleil passe plus vite
Que sur les vergers du couchant ici quand le printemps
Déverse du sommet des montagnes toujours glacées
Des torrents de fraîcheur qui tourbillonnent dans les rues
Et détonnent autour de brûlants piliers de parfums.
Le vent qui sur l'asphalte emporte une odeur de réglisse
Touche les corps avant de se glisser dans la chaleur
Étendue au fond du ravin. Alors il est sept heures,
Mais on voit s'embraser déjà les cargaisons d'étoiles
À travers le brouillard de l'herbe, et les lampes du pont,
Et les chiffres phosphorescents des montres. Les visages
Des gens précipités comme une avalanche là-haut
Brillent sans le savoir entre les banques qui s'éteignent,
Et par millions les pas se renfoncent dans le silence,
Dans la chaleur sous la géante étincelle des trams.

Le fort bras lumineux qui tournait dans la basilique,
Le même aussi jeune qu'avant les siècles se retire
Et d'un dernier coup de son poing fait voler en éclats
Le verre et l'acier sur le front de la coutellerie.
Toujours l'odeur du café frais à l'angle, comme un homme
Aux sentiments puissants et simples — donc je le salue.
Me répond le poids des vantaux qui basculent dans l'ombre,
Disant que je n'ai plus de nom et plus d'histoire, aucune
Solitude à serrer quand le ressort de nouveau lâche.
Un tour de trop. Le vent tire aux piles des ponts et passe
En dur dégrisement sur les ruines diminuées.
Mais du fond de la cour où penche encore tout en haut
Un très petit panier d'œillets s'en revient la chanson
Qui disait gaiement : Je m'éloigne.

Mon souffle à travers les monceaux de lilas qui s'effon-
    drent :
Une seconde au moins j'ai dû profondément dormir
Dans la gare du bout du monde où jamais on ne tombe,
Toujours celle d'après dans l'ombre engloutissant des
    cris.
Mais le sommeil a donc fini par répondre ; j'écoute
La lune conduire de l'ongle et dénombrer des routes
Qui sondent contre les talus comme un rayon de lampe
Les bonds aboyés des buissons, les distances qui trompent
Et le songe devant les pas qui ne tromperont plus.

Encore un coup mais seul dans la foule : valise jaune,
Le pas absent d'un autre — il n'eut jamais rien ni personne
À quitter, ne reviendra plus, le voilà disparu
Dans le corps de l'indifférence enfin remise en marche :
Elle franchit le pont, ses doigts dans l'eau froide, grandit,
S'en va dormant contre la nuit entièrement casquée
Sauf cette fente où l'œil incompréhensible résiste.

Mais heureuse après tout fut la lenteur de ces journées,
L'heure en suspens comme une main sur l'épaule, compagne
Indifférente quand mes yeux s'ouvraient plus grands que moi
Pour sauver l'espérance inutile de la lumière.
Et quand au bas du ciel glissait la paupière violette,
De ce regard à demi clos je voyais resurgir
Méconnaissable dans la vitre obscure des boutiques
Une ombre à prendre en charge avec délicatesse, comme
L'étranger qui s'arrête et réclame du feu, sans un mot.

Du côté de Schirmeck se pressent à pic par le brouillard
Les fûts autour d'une maison sans parois où le souffle
Demeure et rôde quand de rares mots passent les lèvres
Du marcheur pour se perdre au torrent qui ronfle plus
    bas.
Rien n'existe passé le bord hésitant de la route
Mais on sent l'altitude ronde et bien assise près
Du ciel qui dévale en fumant les flancs rouges d'aiguilles.
Grands fonts où les nuages font voile parmi les troncs,
L'abrupte et jamais baptisée au creux de sa hargne,
Du côté de Schirmeck, la terre s'y creuse encore
Et le cœur défoncé de paroles repose là.

Mon parler, c'est à vous que j'écris, à vous ma langue,
et j'ai douceur de ne pouvoir m'y prendre que par vous ;
ma lettre pour vous parvenir ne franchit aucune distance,
entre vous et moi s'établit la correspondance immédiate
    d'un
amour enveloppant et tout à coup qui se déchire :
on voit la beauté violente des fleurs, les nuits sont dures,
les yeux difficiles à comprendre des filles deviennent
feuillage en transparence et ciel et terribles petites
    sources,
mais un vrai bond semble accompli dans la profusion
    réelle
et tu crois même ressaisir à pleines brassées
la vieille odeur de foin qui n'avait pas encore de nom,
o immer mehr entweichendes Begreifen,
o Angst, o Last, ô poids soulevé maintenant comme une
    plume,
o Tiefe ohne Grund maintenant traversée de rayons,
tu recommences mot à mot cette histoire muette
quand toussaient les chevaux des dragons au fond des
    écuries
et que rentrant à la maison tu voyais le temps pâle
entre les deux cris d'un oiseau qui ne volera plus.
Maintenant tu comprends,
maintenant le retour pas à pas s'explique :
une autre maison contenait celle où tu dormais contre ta
    mère,

une autre mère aussi veillait, chantonnant, tricotant,
ayant toujours à faire, à refaire, défaire *(le désordre est tenace*
le désordre toujours dès que l'on cesse de vouloir
se rétablit de lui-même avec grande facilité —
oh à mon tour déjà dans le souffle de la baleine
qui ne nous rendra plus sinon sur quel rivage où la
parole et le temps manquent comme une chute), ainsi
    donc
tricotant, chantonnant, allant, venant, venant
du haut du sommet enfoui, du fond de la couleur absente,
par cette lacune où devrait se fermer l'ogive du crâne,
dans la barque tirée entre les câbles du courant,
mais venant sans répit à petits craquements de branches
    mortes,
froissements d'herbe et gloussements sous la rive creusée,
tintements de cailloux sur la pente et partout contente-
    ment
circonspect et furtif du son innombrable qui monte
    encore maintenant dans sa naïveté première ;
et puis toujours venant, venant, mais déjà divisée,
en route et sans cesse en route pour rassembler et
    disjoindre sur tous versants,
venant alors à petits gongs, petites clochettes, fous rires
    brefs, chapeaux pointus,
hing hing tch'ong hing hing,
à l'est à l'ouest au nord au sud au centre étendant son
    empire,
expulsant les montagnes, les fleurs, les oiseaux, les
    rivières
de leur certitude endormie et mettant à la place exacte-
    ment

comme il vient d'être dit montagnes, fleurs, oiseaux,
    rivières,
mais pas longtemps, mais bientôt prise
de la peur affreuse d'une femme distraite et quand même
    un peu folle
qui dans une foule indifférente ne retrouve plus ses
    enfants,
qui les cherche, qui les appelle,
et sans doute est-ce plutôt la mémoire qu'elle a perdue,
car elle ne sait même plus leurs noms, au hasard elle
    essaye
les syllabes les bruits qui clochent dans sa pauv'tête,
elle dit Kwiat, Kwiat, Fjellet, elle crie
Fuglen, Floden, Upe, Lumi,
Blomman, Kukka, Gorá, Zogu,
Rzeka, Madár, Ptak, Pták, Lintu,
et peut-être à la fin quelque chose ou quelqu'un va lui
    répondre,
mais en un sens on pourrait croire qu'elle s'en fout,
parmi les oiseaux et les fleurs elle traverse le temps, les
    montagnes, les cœurs, les rivières,
droite dans sa folie avec un sourire intérieur de patineuse
    à glace vraiment très forte qui repart en arrière,
et ceux qui parfois ont pu faire deux ou trois pas de cette
    valse à l'envers avec elle
(s'ils se souviennent,
s'ils n'ont pas tout lâché dans leur pantalon misérable
    entre les arbres disparus)
disent, ceux-là, qu'ils entendaient monter à travers le
    tonnerre
cette seule phrase Je suis parfaitement heureuse.

Ce que j'ai voulu c'est garder les mots de tout le monde ;
Un passant parmi d'autres, puis : plus personne (sinon
Ce bâton d'aveugle qui sonde au fond toute mémoire)
Afin que chacun dise est-ce moi, oui, c'est moi qui
    parle —
Mais avec ce léger décalage de la musique
À jamais solitaire et distraite qui le traverse.

Donc le temps est venu de les rassembler, tous les autres,
Tous ceux que j'ai perdus dans les coins obscurs de ma vie
Ou qui d'eux-mêmes détachant leur ombre de mon ombre
Attendent là butés sans comprendre ce qu'ils attendent
Contre un mur au fond d'une chambre où nul ne les saura.
Me voici devenu plus trouble qu'eux, bien trop étroit
Pour me diviser de nouveau ; si faible,
Que remonter le flot qui s'étale, je ne peux pas.
Il faut pourtant les retrouver l'un après l'autre
Et les convaincre avec des mots précipités presque inaudibles
De me suivre : en bas au tournant je leur dirai pourquoi
Mais le plus proche se détourne et ne veut pas m'entendre ;
Il a peut-être peur de moi, peut-être tous les autres,
Sauf le plus lointain qui sourit, qui ne me connaît pas,
Et ses yeux d'espérance et d'oubli déjà m'effacent.

Brusquement il se peut
Que l'un d'eux brusquement se dresse
Et rougisse, croyant qu'on l'a nommé.
Puis il s'apaise et considère sans bouger
Les chaises, les sureaux pressés entre la vitre
Et la glace du ciel qu'il voudrait voir tomber.
Et les voix de l'autre côté reviennent, restent prises
Dans l'épaisseur des murs appuyés à l'été
(Tout l'été au-dehors qui halète dans la poussière
Comme un grand chien noir, noir et bleu).

Sortie un soir du soufflet crevé de l'accordéon
Elle vint entre les piliers de fonte du métro
Avec un grommellement de pauvre folle en savates
Et le blanc de son œil brillait moins que l'espoir douteux
Qui fait signe le long du square aux enfants qui s'échappent.
Elle ne m'a pas dit : *Eh, je suis la môme prière,*
Paye un verre au comptoir du boulevard Garibaldi —
Le haut comptoir sévère en zinc et bois mort où l'on paye
Comme avec des cailloux sur la lentille d'une mare.
Non, elle a fait grincer la porte et je n'osais pas boire
La gorgée obscure qui roule dans le double fond.
Des gens complètement fumés, paquets près d'une trappe,
Attendaient leur tour et déjà ne me regardaient plus
Et les vitres vibrant plus fort qu'un vieux train qui démarre
Je descendis en marche du bistro sans avoir bu.

Pauvreté. L'homme assiste sa solitude.
Elle le lui rend bien. Ils partagent les œufs du soir.
Le litre jamais suffisant, un peu de fromage,
Et la femme paraît avec ses beaux yeux de divorce.
Alors l'autre que cherche-t-elle encore dans les placards,
N'ayant pas même une valise ni contre un mur
La jeune amitié des larmes? — Te voilà vieille,
Inutile avec tes mains qui ne troublent pas la poussière.
Laisse. Renonce à la surface. Espère
En la profondeur toujours indécise, dans le malheur
Coupable contre un mur et qui te parle, un soir,
Croyant parler à soi comme quand vous étiez ensemble.

« Ce soir je n'ai pas retrouvé sa main sous l'écheveau
Mais au bord âpre du comptoir entamé de sillons
La rondeur de ce nœud dans le chêne, odieusement lisse.
Alors le temps m'a traversée il m'a, comme une porte
Quand quelqu'un de sombre survient avec une secousse
De clarté qui s'effraye et qu'il la laisse battre et battre,
Ouverte, moi, par le centre fendue, encore droite,
Mes deux longs gants déboutonnés comme des bêtes mortes
Sur le bord, et ma glace mes doigts dans la laine cherchant
Les siens dans la chaleur de la laine, les cinq glacés
Contre ce cœur de bois qui s'est mis lentement à battre. »

Elle qui riait en disant *on m'a déménagée,*
Touche, touche mon cœur — vraiment ce n'était pas le
   sien
Qui dans son corps à l'abandon battait : une lanterne
Au plafond quand le vent dévaste à grands coups une
   gare.
Pardon si j'ai (pardon) — alors qu'elle dormait déjà,
Retournée ainsi que sa robe morte (je l'ai pliée
Bien délicatement et sans faire grincer la chaise
Ni la porte ensuite où le vent cognait une lanterne —
Et l'heure, toujours la même heure cassée avant le train).

Pour un portrait de Jude.

Âpre en pointe mais tôt cassé donc toujours d'autant plus
Comme un précepteur calciné d'amour dans la futaine
Roide oblique furtivement sucre ou vinaigre d'où
Le danger imminent d'avoir vite à se tordre (je
Pourrais dire aussi bien de rire comme on éternue)
Et pour l'extase byzantine ou copte il a manqué
De face beaucoup trop d'ovale et du cerne des yeux
Le paisible écarquillement monophysite mais
Avec Salonique ou Zagreb dans la courbe du blase
Brillants néanmoins de profil hop (à droite assez peu
D'amplitude le cou bloquant d'avance par réflexe
Douleur fulgurante rupture entre les omoplates)
Sous l'éclat des verres avec ou sans — je ne sais plus —
Monture on y voit s'incurver la fenêtre de nul
Ornement sauf le ciel en nuages rectangulaires
Austérité de commençant dément précieux siècle
À prélats d'embrasure et maigres cavaliers tenant
Le grand trot dans la nuit pour une sœur incarcérée
Larmes, rage, sueur, la dague à l'équerre des flancs
Des chevaux qui feront d'atroces charognes en terre
Où des fontes ont chu déjà dentelles et bouquets
Et ce livre en latin maudissant les *cruelles ténèbres*.

Toujours cherchant les murs avec crainte et sauvagerie
Et saisissant des mains, d'épaisses bouches au hasard,
Tout au fond dans la nuit paisible du couloir, la tête
Comme le charbon hors du sac poussée avec fracas.

À peine les murs s'ils endiguent l'affreuse monotonie
Mais peu de cris les traversent, peu de sanglots — le cœur résiste :
Il est donc retourné à la herse comme une motte et ne
Se plaindra jamais plus, ne sentira plus la pointe cassée
Dont l'éclat terni dans les yeux désormais sans larmes dit
non.
D'autres cependant à côté parlent encore pour s'atteindre
Avec de faibles mots sans pitié dévorant sous le murmure
Pareil à l'herbe des talus et fossés la nuit quand les astres
Lèvent aussi de froides mandibules qui crépitent. Elle,
Pour l'effroi d'avoir vu gicler du sang vert comme une bouillie
Alors qu'elle touchait la plus fine membrane d'une âme, elle
Préfère maintenant se taire et baisser durement la tête
En écoutant contre le mur ces voix creuses chercher le fond.

La tête accoutumée aux coups de plus en plus profonds
Mais l'écoutant sombrer sans rien pouvoir dire à personne,
Ainsi couronné de silence où il aurait voulu
Glisser comme un couteau ne laissant qu'une cicatrice
À jamais recousue, aplanie au fer tendre, et lui
N'eût plus été que cet espace courbe avec des bruits
Couverts sous le brouillard où s'enfuit le chien qui aboie
En blanc quand la nuit blanche enfin commence à s'obscurcir
Et que cède au courant le fond délabré de la barque.

L'apaisement venu d'un coin du ciel qui s'éclaire, le
    queur
En caoutchouc reste percé d'aiguilles, ne saignant plus.
Il ressemble à du foie entre les plis de ta robe à toi,
    Vierge,
C'est-à-dire aplati rouge sombre et roulé dans la fine
    fleur.

Celui-là devait retrouver la voix la plus basse, basse
Alors que tant d'autres nageaient sans bras dans les tombeaux,
Ayant depuis longtemps bu la dernière amère tasse,
Mais leur âme soufflait encore parmi les crocs
Pour remonter peut-être à la longue vers la surface
Et corrompre entre les maisons l'innocence des mots.
L'hiver on les entendait remuer sous la glace
Et surgis par les trous où boivent les animaux
La neige légère des bois bientôt perdait leur trace
Dans les fourrés où l'on découvre à l'aube ce manteau
Vide qui gesticule auprès d'une sourde godasse.
Et les cendres autour d'un feu d'écorce et de journaux,
Le vent ensommeillé qui rechigne devant l'espace
Les écarte aussi doucement que des plumes d'oiseau :
Mais rien d'oublié ne scintille. Celui qui passe
À distance des chiens en rage dans les hameaux,
Redoutant ces cris descendus des astres qui menacent,
Il plonge aux ravins sous l'épine et s'y creuse un berceau
Où l'appelle la voix méchante et folle, la plus basse
Et qui fait trembler l'espérance de tous ses os.
Plus haut cependant rayonnait l'incorruptible face.

Perdus les mots dans les salons en enfilade
Ébène acajou marbre et les soudains cristaux
Quand les yeux (si, Madame, il en était malade
Et se taisait) les yeux étincelaient brutaux.
Mais l'eût-elle étouffé dans sa couche enfantine,
Âme et cœur y passant, le pinacle des fous
Abattu dans son âme et cœur — si je me fous
Qu'on l'ait retrouvé nu sous la froide églantine
Ou sanglant au bord de ce lit, décapité
Qui relève à deux mains le feu mort de sa lampe !
Contre l'étang saisi brûlaient en vérité
Les glaces les rideaux le velours à la hampe
Des roseaux et des cous un peu trop gracieux ;
Son linge profané dans la fente d'un saule,
La lune d'un seul doigt le touchait à l'épaule :
Le mal fut plus rapide et plus mystérieux.

Jacques Réda est né en 1929, à Lunéville, d'ascendants piémontais et bourguignons. Après le cycle secondaire (en partie au collège Saint-François de Sales d'Évreux), il a un peu étudié le droit et fait divers métiers avant de devenir lecteur pour l'édition et, en 1987, rédacteur en chef de *La Nouvelle Revue Française*.

Ayant, entre 1952 et 1955, donné quelques plaquettes prématurées, il n'écrivit plus ensuite publiquement que pour le mensuel *Jazz Magazine* et pour les *Cahiers du Sud,* où ce qu'il considère comme ses premiers « vrais » poèmes ont paru en 1961. Mais sept ans passèrent encore avant la sortie de son premier livre, *Amen,* suivi par *Récitatif* en 1970 et par *La tourne* en 1975. Durant la même période il a collaboré notamment aux *Cahiers du Chemin*.

Ces trois recueils inauguraux, réunis dans le présent volume, rassemblent des poèmes écrits entre 1954 et 1973. Les heurts et soubresauts qui, assez souvent, marquent l'itinéraire des poètes, laissent toutefois percevoir l'unité lyrique et thématique de celui-ci. On y peut découvrir aussi la courbe d'un mouvement qui, obliquant de façon plus nette à partir des *Ruines de Paris* (1977), devait se poursuivre dans un registre différent mais non contraire, de même que la promenade n'exclut pas la méditation.

A quelques infimes détails près, on a reproduit le texte des éditions originales.

Amen (Gallimard, collection « Le Chemin »), 1968.
Récitatif (Gallimard, collection « Le Chemin »), 1970.
La tourne (Gallimard, collection « Le Chemin »), 1975.
Les Ruines de Paris (Gallimard, collection « Le Chemin »), 1977.
L'Improviste, une lecture du jazz (Gallimard, collection « Le Chemin »), 1980.
Anthologie des musiciens de jazz (Stock), 1981.
P.L.M. et autres textes (Le Temps qu'il fait), 1982[1].
Hors les murs (Gallimard, collection « Le Chemin »), 1982.
Gares et trains (A.C.E., collection « Le Piéton de Paris »), 1983[2].
Le Bitume est exquis (Fata Morgana), 1984.
L'Herbe des talus (Gallimard, collection « Le Chemin »), 1984.
Celle qui vient à pas légers (Fata Morgana), 1985.
Beauté suburbaine (Fanlac), 1985.
Jouer le jeu (L'Improviste II) (Gallimard, collection « Le Chemin »), 1985.
Premier livre des reconnaissances (Fata Morgana), 1985.
Châteaux des courants d'air (Gallimard), 1987.
Un voyage aux sources de la Seine (Fata Morgana), 1987[3].
Recommandations aux promeneurs (Gallimard), 1988.
Ferveur de Borges (Fata Morgana), 1988.

1. La version définitive de ces textes est incluse dans *L'Herbe des talus*.
2. La version définitive de cet ouvrage constitue la dernière partie de *Châteaux des courants d'air*.
3. La version définitive de ce récit figure dans *Recommandations aux promeneurs*.

Éléments de bibliographie

Roger MUNIER : « Le Parcours oblique » (*Critique,* n° 269, octobre 1969), nouvelle version dans *Le Parcours oblique* (Éditions de La Différence), 1979.

Gil JOUANARD : « Deux poètes de grand chemin » (*Solaire,* n° 13, deuxième trimestre 1976).

Pierre-Alain TÂCHE : « L'Usage quotidien » (*La Revue de Belles Lettres,* n° I/1976, juillet 1976).

Jean ROUDAUT : « Le Devoir d'attente » (*La Nouvelle Revue Française,* n° 307, août 1978).

Lionel RAY : « Hors les murs » (*La Nouvelle Revue Française,* n° 361, février 1983).

Daniel LEUWERS : « Jacques Réda ou Les intermittences du passage » (*La Nouvelle Revue Française,* n° 376, mai 1984).

Yves LECLAIR : « Oraison du matin » (*L'École des Lettres* n° 13, deuxième cycle, mai 1983) ; « Petit selectionnaire de Réda à l'usage des traînards » (*Sud,* n° 58, 1985).

Stéphane MARTI et Philippe SUDAN : « Entretien avec Jacques Réda » (*Questions et Variations* n° 6/7/8, Fribourg, 1985).

Jean-Michel MAULPOIX : *Jacques Réda, le désastre et la merveille* (Seghers, collection « Poètes d'aujourd'hui », 1986).

Jean-Pierre RICHARD : « Scènes d'herbe » (*Littérature,* Larousse, n° 67, octobre 1987).

Amen

LANGUE ÉTRANGÈRE

Mort d'un poète	11
Les vivants	12
Rebelles	13
Frontaliers	14
Naissance de Virgile R.	15
Seuil du désordre	16
La porte	17
Tristesse d'Homère	18
La voix dans l'intervalle	19

L'HABITANTE ET LE LIEU

Récit	23
Personnages dans la banlieue	24
Palais-Royal	26
L'habitante et le lieu	28
Post-scriptum	29

Le crime de Basse-Yutz	30
Matin d'octobre	31
Soldat de plomb perdu dans l'herbe	33
N. en tailleur bleu	34
Roman	35
Hauteurs de Belleville	36
Le bracelet perdu	37

LENTE APPROCHE DU CIEL

Sous la nuit	41
Pluie du matin	42
L'aurore hésite	43
La halte à l'auberge	44
Après-midi	45
Espère et tremble	46
Le ciel à Villaroche	47
Lente approche du ciel	48
Rue Rousselet	49
Soir	50
Deux songes	51
Charente	52
Le soir éclaircissant	53
Prière d'un passant	54
L'instant	55
Le soir sur la Charente	56
L'automne rue Rousselet	57
Flaques	58
Automne	59

PORTE D'AUTOMNE

Dernier dimanche de l'été	63
Septembre	64

La rentrée	65
Porte d'automne	66
Distance de l'automne	68
Pluie en octobre	69
Dans la maison	71
L'intervalle	73
La terre qui s'éloigne	75
Amen	76

Récitatif

I

Les fils du ciel	81
Mauvaise tête	83
Terre des livres	85
Situation de l'âme	86
Les lettres de l'épitaphe	87
Apollo	89
Équinoxe	91

II

Le détour	95
Couvre-feu	97
Le correspondant	98
La fête est finie	99
L'œil circulaire	105
Oraison du matin	106
Bienveillance	108

III

Lettre à Marie	113
Traversée de la Seudre	115

Aparté	116
Pâques	117
L'empan	119
La promenade du pensionnaire	120
Hôtel Continental	122
Bruges	123
Fragments des étés	125

IV

Récitatif I	129
II	134
III	138

V

Transfert	145

La tourne

— après cela (je commence...	149
Mais commencer n'est pas attendre...	159
Aussi j'entends sur le réchaud...	161
Sous la lune qui grince...	162
Car où trouver autant d'urgence...	163
Beau jour de feutre...	164
Quand recommençait à briller...	165
On passait l'été loin de la ville...	166
Or voici comment vint la guerre...	167
Des fenêtres de l'hôpital...	168
Et je revois Janine...	169
L'éclair mauve passait...	170
La faute, ce fut de n'avoir pas su...	171
Oui, beaucoup de désordre encore...	172
Je regarde et je ne vois pas...	173

Ce jeune homme — pourquoi ? — ...	174
Il y avait sans doute un remblai...	175
Or humble (connaissant...	176
Lourds et profonds tiroirs...	177
S'en vont-ils un jour de suie...	178
Dévalant de l'ouest à l'écart...	179
Le branle incessant des hivers...	181
Tisser au long du jour...	182
La constellation du Bélier...	183
Je montais le chemin...	184
À gauche la rivière...	185
Un jour où dans le jour...	187
Nous sommes trop à l'est...	188
Le fort bras lumineux...	189
Mon souffle à travers les monceaux...	190
Encore un coup mais seul...	191
Mais heureuse après tout...	192
Du côté de Schirmeck...	193
Mon parler est-ce à vous que j'écris...	195
Ce que j'ai voulu c'est garder...	199
Donc le temps est venu...	200
Brusquement il se peut...	201
Sortie un soir du soufflet crevé...	202
Pauvreté. L'homme assiste...	203
« Ce soir je n'ai pas retrouvé...	204
Elle qui riait en disant...	205
Apre en pointe mais tôt cassé...	206
Toujours cherchant les murs...	207
À peine les murs s'ils endiguent...	208
La tête accoutumée aux coups...	209
L'apaisement venu d'un coin du ciel...	210
Celui-là devait retrouver la voix...	211
Perdus les mots...	213
Notice	215
Bibliographie	216

*Ce volume, deux cent vingt et unième de la collection Poésie,
a été achevé d'imprimer sur les presses
de l'imprimerie Bussière à Saint-Amand (Cher),
le 5 janvier 1988.
Dépôt légal : janvier 1988.
Numéro d'imprimeur : 2444.*
ISBN 2-07-032458-3./Imprimé en France.

42277